Yan d'Albert

# Das Buch der Magischen Rituale

LIEBE, FREUNDSCHAFT, HEXENKULT
MIT I-GING-LIEBESORAKEL

Yan d'Albert, **„MAGIC YAN"**, Jahrgang 1958, beschäftigte sich bereits als Kind mit spirituellen und religiösen Themen und zudem, seit 1983, intensiv mit Mystik und Magie. Als Autor, Komponist, Popmusiker und Musik-Produzent mit eigenem Label hat er sich bereits einen Namen gemacht. Er gibt Meditations- und Magie-Seminare und schreibt für Illustrierte, z. B. für das Hexenmagazin w.i.t.c.h. Yan ist in mehrere spirituelle Traditionen eingeweiht und Koordinator des neuzeitlichen Zirkels **Order of magicult**.
Seit 2001 arbeitet er an Exposés, Drehbüchern und einer eigenen TV-Show. **„MAGIC YAN"** ist übrigens ein begeisterter CHARME-Fan.

„Mein Dank gilt den Mitarbeitern der vgs-verlagsgesellschaft für das Vertrauen und die gute Zusammenarbeit und meiner Frau Gabriela für die fachliche und künstlerische Unterstützung während meiner Arbeit an diesem Buch!"

# INHALT

| | |
|---|---|
| **WAS IST MAGIE WIRKLICH?** | 6 |
| Magische Rituale früher und heute | 7 |
| Mein magischer Traum | 8 |
| Missbrauch der Magie | 10 |
| Was bringt dir Magie? | 12 |
| Die vier Schlüsselwörter des Magiers | 14 |
| | |
| **WAS IST DEINE ABSICHT?** | 16 |
| Zwecke und Ziele | 17 |
| | |
| **DIE MAGISCHEN WERKZEUGE** | 18 |
| Die Reinigung | 19 |
| Die Weihe | 20 |
| Von der Ritualkleidung bis zu den Ritual-Sets | 20 |
| | |
| **VORÜBUNGEN** | 34 |
| Der Atem | 36 |
| Die Entspannung | 37 |
| Die Visualisation | 38 |
| Wie geht Meditieren eigentlich? | 40 |
| Die Herz-Mandala-Übung | 41 |
| Pentagramm-Meditation | 43 |
| | |
| **DIE MACHT DES WORTES** | 44 |
| Magische Anrufungen | 45 |
| Die Power der Mantras | 46 |
| Panik-Mantras | 48 |
| Mantras für Freundschaft und Liebe | 50 |
| | |
| **RITUALE** | 52 |
| Was ist ein magisches Ritual, und wie funktioniert es? | 53 |
| Tages- und Nacht-Rituale | 55 |
| | |
| **ORAKEL** | 60 |
| Für Hexenfeste und magische Meetings | 61 |
| I-Ging | 62 |

## LIEBESRITUALE 80

| | |
|---|---|
| Kleine Tipps für die große Liebe | 81 |
| Kerzenrituale | 84 |
| Das Achtsamkeitsritual | 86 |
| Der Verführungszauber | 91 |
| Das Edelstein-Treue-Mandala | 92 |
| Reinigung und Pflege der Edelsteine | 92 |
| Tierkreiszeichen und ihre Edelsteine | 93 |
| Der Feenstein-Zauber | 95 |
| Das Liebeskummer-Ritual | 96 |

## FREUNDSCHAFTSRITUALE 98

| | |
|---|---|
| Telepathie – Hast du den 6ten Sinn? | 99 |
| Das arabische Vergebungsritual | 101 |
| Das ägyptische Freundschaftserhaltungsritual | 102 |
| Das „Mein Freund der Baum"-Ritual | 103 |

## GRÜNDUNG EINES ZIRKELS 104

| | |
|---|---|
| Vorbereitungen | 105 |
| Der Tempel | 107 |
| Das Gründungsritual | 110 |
| Die Elemente-Rituale | 113 |
| Das Elemente-Wunsch-Ritual | 115 |
| Plan eines Zirkels | 119 |

## DIE MAGISCHEN FESTTAGE 120

| | |
|---|---|
| Die acht großen Hexenfeste des Jahres | 121 |
| Imbolc | 122 |
| Ostara | 124 |
| Beltane | 125 |
| Litha | 126 |
| Lammas | 127 |
| Mabon | 128 |
| Samhain | 129 |
| Jul | 131 |
| Esbat | 132 |

## DAS EINWEIHUNGSRITUAL 134

| | |
|---|---|
| Die Einweihung | 135 |
| Das Gelübde | 135 |
| Elemente-Rituale | 136 |
| Das Einweihungsritual | 139 |

Hi, ihr lieben Hexen und Magier ... und solche, die es noch werden wollen!

**„Liebe ist Magie in höchster Vollendung."** Ist das nicht ein cooler Satz? Er hat mich dazu inspiriert, Liebe, Freundschaft und gemeinsamen Hexenkult zu den zentralen Themen dieses Buches zu machen.

Welche MAGISCHEN WERKZEUGE brauchst du? Wie geht MEDITIEREN? Wie funktioniert EINANDER VERZEIHEN? Wie kannst du FREUNDSCHAFT ERHALTEN? Was ist ein ACHTSAMKEITSRITUAL? Wie gründet ihr einen ZIRKEL? Wie werden die acht HEXENSABBATE gefeiert? Diese und andere Fragen werde ich euch auf den folgenden Seiten beantworten. Es liegt mir am Herzen, euch authentische und wirkungsvolle Rituale aus unterschiedlichen magischen Traditionen dieser Welt zu vermitteln. Diese praktiziere ich als Seminarleiter ebenso wie persönlich zu Hause. Viele Zeichnungen, Symbole etc. zu rituellen Zwecken in diesem wie auch in meinem vorhergehenden Werk DAS BUCH DER MAGIE sind von mir ganz persönlich angefertigt und mit der magischen Kraft der Liebe aufgeladen.

Wenn du Fragen hast, wende dich vertrauensvoll an **www.magicult.de**. Dort werde ich, so es meine Zeit erlaubt, im FORUM und CHAT für dich da sein. Wenn du willst, kannst du mir deine Erfahrungen und Fortschritte auch schriftlich mitteilen (Bei Briefen bitte frankierten Rückumschlag beilegen!).

Möge dir dieses Buch zu mehr Glück und Erfolg in Liebe, Freundschaft und in deinem Hexenzirkel verhelfen. Und ich freue mich für dich, wenn dies in Erfüllung geht.

In magischer Verbundenheit, sei gesegnet,

dein
**Magic Yan**

# WAS IST MAGIE WIRKLICH?

*Die große Kunst des Magiers ist es, seine Kraft sinnvoll einzusetzen; aber die größte Kunst besteht darin, sie im richtigen Moment nicht zu gebrauchen.*

Yan d'Albert

# MAGISCHE RITUALE FRÜHER UND HEUTE

**W**as ist **Magie** wirklich? Zu allen Zeiten hatte man von diesem Begriff unterschiedliche Vorstellungen. Es gab Zeiten, da war Magie ganz eng mit Aberglauben, Vorurteilen und Wahnvorstellungen verbunden. Das Mittelalter geht als blutigste Ära in die Geschichte der Magie ein. Innerhalb von 600 Jahren wurden Hunderttausende von Frauen und Männern – im „Namen Gottes" – unschuldig verfolgt, gefoltert und auf bestialische Weise ermordet. Sicherlich gab es auch damals schwarzmagisch Praktizierende, aber die bildeten eher eine kleine Minderheit – wie heute auch. Doch es brauchte nicht viel, um in Verdacht zu geraten, mit dem Teufel einen Pakt geschlossen zu haben, Schadenszauber zu betreiben oder gar Kinder zu opfern. Schon die Tatsache, dass eine ältere Frau unverheiratet war und sich mit Kräutern und Edelsteinen beschäftigte, konnte ihr Todesurteil bedeuten.

Es gibt bis heute vielerlei Ausdrucksformen der Magie. Die früheren Methoden unterscheiden sich wesentlich von denen der heutigen Rituale. Das Herstellen von Fledermaus-Asche, Schlachten von Hühnern oder Katzen und andere grausame Rituale passen wohl eher als Szenen in meine magic comedy-Drehbücher als in das vorliegende moderne Praxisbuch der Magie. Wir können viele damals magisch erscheinende Dinge heute physikalisch erklären. Wenn ein Magier der Frühzeit von einem Gipfel rief, dann war es für ihn seine Gottheit oder sein Geist (ich nenn' ihn jetzt einfach mal Hallohalu), der Anwort gab. Denn das akustisch erzeugte Echo kannte er noch nicht. Die klassische Magie von heute bedient sich der Naturwissenschaften mehr denn je.

Erst ab dem 21. Jahrhundert emanzipiert bzw. e„frau"zipiert sich Magie mehr und mehr von ihrem „anrüchigen Image". Heute heißt Magie betreiben nicht automatisch, mit Geistern, Dämonen oder gar dem Teufel in Verbindung zu stehen. Die magische Botschaft von heute heißt vor allem: LIEBE. Wie schon gesagt, sie ist Magie in ihrer höchsten Vollendung. Aber, um diese Magie zu verwirklichen, musst du erst einmal davon träumen, denn das Träumen ist eine Grundvoraussetzung zur Verwirklichung deiner Ziele.

# MEIN MAGISCHER TRAUM

Mit meinen magischen Büchern wird auch für mich ein Traum zur Wirklichkeit. Sicherlich wäre er ohne langen Atem, eine gute Portion Engelsgeduld und eine langjährige magische Schulung nicht in Erfüllung gegangen. Letztlich habe ich mich auch von Systemen und Ideologien jeglicher Art befreit, wodurch mein „magischer Horizont" sich noch mehr erweitern und entfalten konnte.

Geheime Zeichen, Buchstaben und Wörter haben mich seit jeher fasziniert. Oft habe ich als Kind eigene Zeichen erfunden. Heute entdecke ich manche in den „Werken" meines jüngsten Sohnes *Yan Ananda* wieder. Als ich dann irgendwann auf das Schlüsselwort namens „Etymologie" (= die Lehre von der Herkunft der Wörter) stieß, begann ein aufregender Prozess für mich. Seither fühle ich mich als eine Art „Wort- und Zeichen-Forscher", immer auf der Suche nach der eigentlichen Bedeutung von Wörtern und Begriffen. Und das ist ganz schön herausfordernd und spannend.

Das Wort **Magie** wird immer eines der faszinierendsten Wörter für mich bleiben. Wie viel Deutungen, Missverständnisse und Gefühle sind damit verbunden! „Magie, was ist das überhaupt?", fragte ich mich schon früh. Intuitiv ahnte ich bald, dass es mehr sein musste als das Hervorzaubern von weißen Tauben aus einem Zylinder oder das Zersägen irgendwelcher schöner Frauen. In meinen esoterischen und magischen Studien fand ich zu den Wurzeln und damit zur wesentlichen Bedeutung dieses Zauberwortes. Es stammt vom persischen Wort „magh" ab, welches „können" oder „vermögen" bedeutet. Magier waren also ursprünglich Weise und Priester der Naturreligionen, die uraltes Wissen von Mensch und Natur bewahrten und damit umgehen konnten. **Magie** ist also eine bestimmte Form von Energie-Arbeit. Sie ist tiefes Forschen nach den Geheimnissen der Natur und das konsequente Umsetzen ihrer Regeln.

Immer schon suchte ich – manchmal ganz verzweifelt – nach den tiefsten Geheimnissen des Lebens, nach „der Wahrheit". Suchen nicht im Grunde ihres Herzens alle Menschen danach, vielleicht auch du? Ich durchwanderte viele Religionen und Kulturen dieser Erde. Dabei erlebte ich die Hochs und Tiefs, die Licht- und Schatten-seiten der Welt von Magie und Mystik. Irgendwann musste ich dann einsehen, dass es für mich **die eine** selig machende Philosophie oder Religion nicht gab. Ich sollte erkennen, dass die wirklich magische Kraft und Erfüllung **in mir selbst** verborgen liegt und erweckt werden will. Letztlich konnte mir kein noch so großer Meister mehr geben als mein eigener **innerer Führer**, der beständig zu mir spricht. Ich widmete mich intensiv magischen und mystischen Studien. Besonders die Philosophie der Sufis, der östlichen Wahrheitssucher und Magier des Orients, hatte es mir angetan. So beschloss ich, mich auf die Suche nach einem Meister zu machen und fand ihn dann auch sehr bald. Es gibt ein altes Sprichwort aus dieser Tradition, das lautet:

> „Wenn der Schüler bereit,
> ist der Meister nicht weit."

### BRAUCHST DU UNBEDINGT EINEN MAGISCHEN LEHRER?

Als „Junghexe" oder „Jungmagier" solltest du mit echten, glaubwürdigen Lehren aus zuverlässigen Quellen vertraut sein. Um Magie zu lernen, kannst du, musst aber nicht unbedingt einen Lehrer haben. Ein richtiger Meister der Magie wird dich eine Weile bei der Hand nehmen, um dich zu lehren und zu trainieren. Aber irgendwann, wenn die Zeit reif ist, wird er deine Hand loslassen. Dann musst du deinen Weg alleine weitergehen. Wenn du meine magischen Bücher sorgfältig durcharbeitest und die Anweisungen befolgst, kann auch ich dich lehren und führen.

Auch im modernen Alltag begegnen wir Magie ständig, ohne dass wir dies bewusst wahrnehmen. Die gesamte Werbeindustrie arbeitet in gewisser Weise mit magischen Techniken. Es ist bestimmt kein Zufall, wenn dir an der Kasse im Supermarkt plötzlich auffällt, dass dich einige Produkte in deinem Einkaufswagen an die Fernsehwerbung vom Vorabend erinnern ... Wie wir mit dieser Art von Magie umgehen, müssen wir für uns selbst entscheiden lernen. Sicherlich kann sie uns auch da, wie so vieles andere auch, in grau- und schwarzmagischen Formen begegnen.

*Eliphas Levi*, der große Magier des 19. Jahrhunderts, sagt, dass Magie überliefertes Wissen von den Geheimnissen der **Natur** ist, dass sie dem Magier Macht verleiht und ihm erlaubt, in übermenschlicher Weise zu wirken. Doch er weist auch auf die Verführungen und Gefahren hin, die jene Kräfte nach sich ziehen können.

# MISSBRAUCH DER MAGIE

Vieles läuft unter dem Mäntelchen MAGIE, aber auch da gibt es Blendwerk und schwarze Schafe. Bleib daher immer kritisch. Es existieren auch heute Organisationen, die glauben, die Wahrheit für sich gepachtet zu haben. Doch was wirklich wahr und nützlich ist in der Magie, braucht keinen Zwang, braucht keine Missionierung. Wenn Magie negative Formen annimmt, Menschen bewusst Schaden zugefügt wird, sie mit Worten oder Taten verletzt, abhängig gemacht oder unterdrückt werden, kann man von **schwarzer Magie** sprechen. Wer die Schwächen, Ängste, Schuldgefühle und Unwissenheit anderer zu seinem eigenen Vorteil ausnützt, betreibt **schwarze Magie**. Und diese fällt nach dem Gesetz von Ursache und Wirkung auf den Verursacher zurück. Dies bedeutet letztlich: Selbstzerstörung. Anhand der Lebensbeispiele von Schwarzmagiern (Aleister Crowley u. a.) wirst du dies bestätigt finden.

Leider gibt es da ein sehr trauriges und dunkles Kapitel in unserer deutschen Geschichte. Auch die Geschichte der Magie ist davon nicht unberührt geblieben. Schon während meiner Schulzeit engagierte ich mich daher aktiv in AntiFa-Gruppen. Meine Deutsch-Abschlussarbeit schrieb ich ganz bewusst über jenen dämonisch-bestialischen Diktator, dessen Name mir nur schwer über die Lippen geht: *Adolf Hitler*. Immer wieder werden Begriffe wie **Magie**, **Esoterik**, **Mythos**, **Germanentum**, **Runen** etc. mit dem Nationalsozialismus in Verbindung gebracht. Das ist einerseits verständlich, andererseits aber werden wirklich magisch praktizierende Menschen dadurch zu Unrecht in Verruf gebracht. Ein Film, der Klarheit über dieses Thema verschafft und den ich auch dir besonders empfehlen möchte, heißt:

**„Schwarze Sonne"**, oder in der Kurzfassung:
**„Mythos, Kult und Symbolik im Dritten Reich"**.

Du kannst ihn über deine Bibliothek ausleihen (eventuell per Fernleihe) oder über die Medienzentren und Landesfilmdienste beziehen (Info: www.lzpb.nrw.de). In diesem aufschlussreichen Film wird deutlich, wie sehr die Nationalsozialisten ursprüngliche Symbole und Rituale verzerrten und missbrauchten und wie stümperhaft sie mit germanischer und keltischer Mythologie umgingen. Letztlich hatte ihre angeblich magisch-esoterische Gesinnung absolut nichts mit echter Mystik und Magie zu tun. Es ist bezeugt, dass Hitler und seine Vasallen in Wahrheit überhaupt keine Freunde der wirklichen Magier und Esoteriker waren. Er lehnte sie ab und empfand sogar

„tiefsten Ekel" vor ihnen. So schrieb er in seinem Buch MEIN KAMPF: „Im übrigen kommen alle diese Menschen (Altertumsschwärmer) nur zu einem Bruchteil in die neue Bewegung, um die Menschheit noch einmal mit ihren eigenen Ideen unglücklich zu machen. Besonders bei den so genannten religiösen Reformatoren auf altgermanischer Grundlage habe ich immer wieder die Empfindung, als seien sie von jenen Mächten geschickt, die den Wiederaufstieg unseres Volkes nicht wünschen." – Nein, einen solchen „Aufstieg" haben sich die wirklichen Magier dieser Zeit nie gewünscht. Viele spirituelle Persönlichkeiten wie *Ernst Issberner-Haldane*, *Henri Birven* und andere waren dem Hass der Nationalsozialisten derart ausgesetzt, dass sie von ihnen verfolgt, ausgeraubt und sogar ermordet wurden.

## DAS „ZEITALTER DER MAGISCHEN AUFKLÄRUNG"

Das neue Jahrtausend bringt umwälzende Veränderungen mit sich. Verkrustete religiöse Systeme brechen zusammen oder „schießen sich" selbst durch Terror und Gewalt ins Aus. Neue, spirituelle Pflänzchen sprießen aus dem Boden und lassen hoffen. Wir gehen über in ein „Zeitalter der magischen Aufklärung". Endlich gelten Esoterik, Mystik und Magie nicht mehr nur als bloße Hirngespinste der Fantasie. Der Erfolg von Romanen und Filmen wie „Harry Potter", „Herr der Ringe", beliebte Mystery-Fernsehserien wie „Buffy", „Angel" und „Charmed", das Auftauchen vieler neuer esoterischer und magischer Publikationen, all das sind deutliche Zeichen einer großen spirituellen Sehnsucht unter den Menschen. Sie eröffnen die Chance, unsere eigenen Wurzeln wieder zu entdecken.

# WAS BRINGT DIR MAGIE?

Unsere Wahrnehmung ist begrenzt. Das ist ein Grundgedanke der Magie. Hast du auch oft das Gefühl, dass es da in deinem Leben noch mehr geben muss, unentdeckte Kräfte in und außerhalb von dir? Dann hast du genau das richtige Buch gewählt. Es vermittelt dir praktische Kenntnisse und bietet grundlegende Übungen, die du brauchst, um ein richtiger Magier oder eine richtige Hexe zu werden. Hier soll nicht irgendwelcher Hokuspokus angepriesen werden, sondern ich möchte dir praktische Anweisungen zur Schulung deiner Wahrnehmung und magischen Fähigkeiten vermitteln.

**DAS BUCH DER MAGISCHEN RITUALE** gibt dir eine solide handwerkliche Grundlage und zeigt dir einen Weg zu deiner ganz eigenen magischen Arbeit. Magische Rituale sollen Freude machen. Was nützt ein echtes traditionelles Ritual, wenn es endlos lang ist und nur langweilt.

Schade, dass Magie (noch) kein Schulfach ist, man könnte soviel lernen, vor allem fürs Leben:

- **MAGIE** verbindet dich mit deinen Wurzeln. Sie lässt dich zu deiner ureigenen inneren Kraft finden.

- Mit **MAGIE** nimmst du Einfluss auf deine Zukunft und bestimmst deinen Weg in zunehmendem Maße selbst.

- **MAGIE** kann dir in wunderbarer Weise nützlich sein: in der Schule und im Beruf, bei Prüfungen, in schwierigen Situationen und Entscheidungen, in der Freundschaft und ... in der Liebe.

- **MAGIE** braucht keine Systeme, braucht keinen Gruppenzwang.

- **MAGIE** gibt dir die notwendigen Werkzeuge und Waffen im „Kampf des Alltags".

- **MAGIE** macht dich ganz einfach stark und frei (ohne Katerstimmung danach).

Zuerst solltest du dir über deine Absichten im Klaren sein. Welches Ziel verfolgst du? Welchen Sinn hat das, was du tust? Steht es im Einklang mit dem EHRENKODEX (siehe S. 17) und den wohlwollenden Zielen der Magier und Hexen? Du hast dir dieses Buch gekauft, weil du mehr über die Geheimnisse der magischen Welt erfahren willst, weil du dich weiterbilden willst, weil du selbst ein MAGUS oder eine HEXE werden willst. Sei dir aber bewusst, welchen Weg du jetzt einschlägst, und bleib mit Eifer dabei. In der Magie gibt es keine halben Sachen, das funktioniert nicht.

**DER WEG ZUR MAGIE IST DER WEG ZU DIR SELBST!**

Es gibt in diesem Leben im Grunde genommen nichts Spannenderes, als sich selbst zu entdecken. „Phhh!, wirst du jetzt vielleicht sagen, „mein Leben ist oft so öde" oder „da kann ich mir was Spannenderes vorstellen, einen Thriller- oder Mystery-Film im Fernsehen …" Na klar, da gibt es ganz tolle Sachen, aber die sind schnell wieder vorbei. Ein Rausch, ein Trip, und die Realität trifft dich danach um so härter und kälter. Du aber hast dich selbst, deinen Körper, deinen Geist und deine Seele, ein Leben lang. Du hast die Chance, auf Entdeckungsreise in dein eigenes Land zu gehen. Entdecke und erwecke deine verborgenen Talente, deine wahren magischen Fähigkeiten. Du wirst erstaunt sein! Denn auch in dir liegen die Anlagen zur Magie, mehr oder weniger, je nach Bereitschaft und Übung. **DAS BUCH DER MAGISCHEN RITUALE** wird dir dabei helfen. Garantiert.

> Stell dir all die Dinge vor, die du mit deiner magischen Arbeit erreichen kannst:
>
> * Du lernst deinen Traumprinzen kennen/triffst deine Traumfee (bzw. du „erkennst" ihn/sie).
> * Du schaffst die schwierigsten Prüfungen.
> * Ein Berufswunsch erfüllt sich.
> * Du trittst eine lang ersehnte Reise an.
> * Du bist glücklich mit deinem Lover …
> * Du findest mehr und mehr zu deinem wirklichen Ich.

# DIE 4 SCHLÜSSELWÖRTER DES MAGIERS

Auch wenn sich in der heutigen „modernen" Magie im Vergleich zu früher vieles verändert hat, Bräuche von damals überholt und unzeitgemäß sind und nicht mehr übernommen werden, vier Dinge gelten auch heute noch und bleiben im „Glaubensbekenntnis" des Magiers unumstößlich stehen, nämlich die vier Säulen:

**WISSEN**

**WOLLEN**

**WAGEN**

**SCHWEIGEN**

### 1. WISSEN

Der echte Magier schöpft sein Wissen aus der reinen Quelle. Dieses Wissen fließt seit Jahrtausenden wie ein Strom durch die Kulturen unserer Völker. Ohne Wissen führt dein magischer Weg in die Irre, und dann hast du dein Ziel verfehlt. Nimm das Wissen, das dir zuteil wird, dankbar an und betrachte es nicht als Besitz für ausschließlich eigennützige Zwecke. Auch zählt nicht nur dein reines Verstandeswissen. Es ist super, wenn du magische Bücher studiert hast, viele Begriffe, Übungen und Rituale kennst. Doch bloße Theorie und lediglich Abhalten von Zeremonien ist nutzlos und langweilig. Dahinter sollte immer eine tiefe Hingabe und eine hohe Einstimmung stehen. Dein Wissen kann dir in erster Linie dabei helfen, deinen eigenen magischen Weg zu finden. Denn vielleicht möchtest du ja irgendwann einmal das eine oder andere Ritual nach deinen eigenen Intuitionen und Ideen gestalten.

### 2. WOLLEN

Hast du dir erst einmal das erforderliche magische Wissen angeeignet, ist dein Wille gefragt. Ein paar Zaubertricks machen noch keinen Magier. Was willst du überhaupt damit erreichen? Handelst du nur nach dem Lustprinzip, oder erkennst du, dass du Disziplin brauchst? Das Wort Disziplin kommt aus dem Lateinischen und meint „Schülerschaft". Es führt also kein Weg daran vorbei, eine Zeit lang Schüler zu sein, bis du zur Meisterschaft einer Hexe oder eines Magus gelangst. Erst wenn dein Wille mit dem verinnerlichten Wissen in Einklang kommt, kannst du den nächsten Schritt, das WAGEN, auch wirklich wagen.

## 3. WAGEN

Mut ist eine der wichtigsten Eigenschaften des Magiers. Lass dich nicht verunsichern von Leuten, die dich allzu sehr vor magischen Praktiken warnen oder sich über dich lustig machen. Da sind meistens Unwissen und Vorurteile am Werk. Du gehst einen weißmagischen Weg, und wenn du dich nicht gerade auf graue und schwarze Dinge einlässt, ist es ein wertvoller und gesegneter Weg. Der neuzeitliche Magier Ralph Tegtmeier sagt so schön, dass die Angst vor der Magie die größte Gefahr auf dem magischen Weg darstellt. Also, trau dich!

## 4. SCHWEIGEN

Magische Gruppen und Orden bestehen oft auf absoluter Geheimhaltung magischen Wissens. Damit wurde und wird immer noch viel Missbrauch getrieben. Dahinter kann sich ein erstarrtes, intolerantes System mit gezielten Machtstrukturen und elitärer Haltung verbergen, in dem die Schüler unterdrückt und klein gehalten werden. Doch dies bedeutet für dich noch lange nicht, dass du alles, was du in deinen magischen Studien und Ritualen erlebst, auch weitergeben sollst. Für deine eigene Entwicklung ist SCHWEIGEN wichtig, vor allem wenn es um innere, geistige Reifeprozesse geht. Behalte in der ersten Zeit deiner magischen Ausbildung so viel wie möglich für dich. Dann kann sich auch deine magische Energie bündeln. Unvorsichtiges Ausplaudern ist meist ein Zeichen von Unsicherheit und schwächt dich in deiner magischen Arbeit.

# WAS IST DEINE ABSICHT?

**B**evor du dich „ans ritualmagische Werk machst", nimm einen Bleistift und schreibe nachfolgend in **sieben** Stichpunkten auf, welche Zwecke und Ziele du mit deinen magischen Ritualen verfolgst. Das ist eine bewährte Methode, um schon im Voraus Klarheit für dich selbst zu schaffen.

Stelle dir bei jedem Punkt vorher folgende Fragen:

– Strebe ich dieses Ziel auch **dauerhaft** an, oder entsprang der Gedanke dazu nur aus einer momentanen, spontanen Laune?

– Lässt sich die Sache auch **tatsächlich** verwirklichen?

– Könnte es sein, dass ich mit meinen Absichten andere Menschen oder andere Geschöpfe verletze?

## ZWECKE UND ZIELE

1. ~~xxx~~
2. ~~Job~~
3. ~~Tom~~
4. ~~ändern~~
5. _____
6. _____
7. _____

Überprüfe einmal in der Woche, ob du dir in diesen Punkten sicher bist und diese Dinge noch aktuell sind. Gegebenenfalls streiche und ersetze sie durch andere Zwecke und Ziele. Das machst du so lange, bis du dir sicher bist, dass die sieben Punkte nun stehen und du nichts mehr zu ändern brauchst.

> ### Ehrenkodex der Magier
> Möge die Magie meine Geschicke im Einklang mit der schöpferischen Urkraft lenken. Möge sich meine Magie in Weisheit mit der allumfassenden Liebe verbinden, zum Wachsen und Wohle aller Geschöpfe, nach bestem Wissen und Gewissen, in klarer Absicht und mit rechtem Sinn.

# DIE MAGISCHEN WERKZEUGE

Magische Werkzeuge sind Gegenstände, die ausschließlich für Rituale und Zeremonien verwendet werden. Wähle sie daher mit großer Sorgfalt aus! Sie sollten aus gutem Material bestehen und etwas taugen, damit du lange Zeit Freude daran hast. Verwende sie wirklich **nur** für rituelle Zwecke. Es ist beispielsweise uncool, einen Zeremonial-Kelch als gewöhnliches Trinkgefäß zu benutzen, oder I-Ging-Münzen als Spielmünzen, eine Räucherschale als Aschenbecher usw. Magische Werkzeuge sollen auf keinen Fall einfach so herumliegen oder für jeden erreichbar sein. Bewahre sie an einem nur für dich zugänglichen Ort auf, möglichst in einem verschließbaren Schrank. Halte all diese Dinge **heilig**, das heißt: für deinen Zauber und dein Glück von Wert und Bedeutung.

Sei nicht frustriert, wenn du nur wenige magische Werkzeuge besitzt. Darauf kommt es am Anfang nicht an. Wichtig ist, dass du lernst, auch mit wenigen Utensilien bewusst umzugehen. Die notwendigen Dinge werden dann ganz automatisch den Weg zu dir finden. Vor allem: Baue zu den Gegenständen eine Beziehung auf. Für eigene Rituale, die du alleine ausübst, ist es ratsam, Gegenstände zu verwenden, die noch von keinem außer dir benutzt worden sind.

## DIE REINIGUNG

Bereits verwendete Gegenstände säubere vor dem Ritual von Staub und Schmutz. Auch an gekauften Gegenständen haften Fremdenergien. Daher reinige grundsätzlich alle magischen Utensilien vor einem Ritual.

### WASSER

Wenn möglich und dafür geeignet, reinige deine Werkzeuge mit klarem Wasser. Verwende auf keinen Fall scharfe oder chemische Reinigungsmittel.

### RÄUCHERUNG

Du kannst auch eine reinigende Räucherung durchführen. Dazu hältst du den betreffenden Gegenstand in den Rauch und sprichst:

> Hiermit reinige ich dich im Namen ...
> (Gottes und /oder der Göttin etc.) von allen negativen Kräften.

### MENTALE REINIGUNG

Die dritte Möglichkeit ist, die Gegenstände mental, das heißt mit Gedanken, Mantras oder Zaubersprüchen zu reinigen. Lege deine rechte Hand auf den betreffenden Gegenstand und sprich:

> Hiermit reinige ich dich im Namen ...
> (Gottes und /oder der Göttin etc.) von allen negativen Kräften.

## DIE WEIHE

Weihe deine magischen Werkzeuge am besten bei Vollmond. Benutze dafür dein ATHAME (=Hexendolch), ein geweihtes Messer oder einfach deine gereinigte Hand. Lege den Gegenstand in die Mitte des Altares. Berühre nun mit dem Athame, dem Messer oder deiner Hand die Symbole der vier bzw. fünf Elemente der Reihe nach und meditiere über die Kraft jedes Elements. Berühre sodann den Gegenstand, und stelle dir vor, wie die Kräfte in ihn fließen. Dann sprich folgenden Weihetext:

> Ich weihe dich nun, du ... (Name des magischen Werkzeuges).
> Möge die Kraft der Elemente Erde, Wasser, Feuer, Luft und Äther
> dich durchdringen und dir zu Diensten sein im Norden, Süden,
> Osten und Westen, zwischen den Welten und in allen Welten.
> Im Namen ................... (z. B. des Schöpfers des Himmels
> und der Erde). Amen. So sei es!

## VON DER RITUALKLEIDUNG BIS ZU DEN RITUAL-SETS

### DIE RITUALKLEIDUNG

Wie du vielleicht schon weißt, gibt es etliche Coven und magische Orden, die ihre Rituale im „Adamskostüm" – also splitternackt – ausführen (... kommt z. B. auch in „Abraxas", der 1. Folge der 2. Staffel von CHARMED vor). Das wäre natürlich die „billigste Methode". Nein, Spaß beiseite ... Falls du an einem fremden Ritual zum ersten Mal teilnimmst, frag lieber vorher, ob es bekleidet oder unbekleidet abgehalten wird, sonst könntest du eine krasse Überraschung erleben ...

Tatsache ist, dass Kleidung für rituelle Zwecke einen ganz besonderen Zauber in sich birgt. Das, was du trägst, drückt dein Ich, deinen Gemütszustand und deine Einstellung der Magie gegenüber aus. Ritualkleidung sollte am besten aus natürlichen Stoffen (Wolle, Baumwolle, Leinen, Viskose, Seide etc.) beschaffen sein. Denn das ist ganz im Sinne der magischen Rituale und im Einklang mit der Natur.

Ihr könnt euch in eurem Zirkel auf eine bestimmte Kleiderfarbe einigen. Das fördert den Gemeinschaftsgeist. Schwarz oder Weiß sind als Farben sehr beliebt. Wenn euch eine einheitliche Farbe zu uniformiert erscheint, dann soll jeder seine eigene wählen. Helle Farben haben sich für Rituale bewährt, denn sie bringen Licht in den Kreis. Manche Gruppen wählen die Farben entsprechend den Elementen aus (z. B. gelb = Erde, grün = Wasser, rot = Feuer, blau = Luft usw.).

Halte deine Ritual-Kleidung immer sauber und in Ordnung! Noch ein Wort zur Energie: Es ist korrekt, dass auch Kleidung magische Energie aufnimmt. Es ist ebenso richtig, dass durch das Waschen oder zu häufiges Waschen der Kleidung Energie wieder verfliegt (nicht aber die spirituelle Energie, die du hineinzauberst). So empfehle ich dir, deine Kleidung erst kurz vor dem Ritual anzuziehen (also nicht zum Holzsammeln, Dekorieren des Tempels usw. tragen). Achte auch während der Rituale auf die Sauberkeit der Gewänder. Ideal wäre es, wenn du sie möglichst rein hältst und nur dann wäschst, wenn es wirklich erforderlich ist (z. B. wenn sie Flecken hat, verschwitzt ist usw.). So bleibt die Energie in der Kleidung gespeichert.

Denkt euch ruhig weitere coole Sachen aus, die man als Kleidungsstücke verwenden könnte. Lasst eurer Fantasie freien Lauf!

## DIE ROBE

Sie ist ein Kleidungsstück aus der älteren Tradition der Orden und Logen. Aber die Robe ist deshalb keineswegs out. Sie ist auch nicht Grundvoraussetzung oder Kleiderzwang für ein magisches Ritual. Aber sie verleiht dem Träger im Ritual eine ganz besondere Note: Die Robe strahlt Einfachheit und Würde zugleich aus. Mit ihr bist du eben **nicht mehr** in der alltäglichen Wirklichkeit und betonst die Heiligkeit deines Gewandes. Du kannst die Robe ganz schlicht und unverziert lassen. Es ist auch möglich, sie mit einem oder mehreren Zeichen zu schmücken. Ich gebe dir aber den Tipp, wohl überlegte und nicht zu viele Zeichen zu verwenden. Das könnte dich und die Anwesenden zu sehr ablenken und somit die gesamte Atmosphäre eines Rituals stören. **Weniger ist besser als mehr.** Bewahre deine Ritualkleidung zwischen kleinen Kräutersäckchen mit Lavendel, Rose oder Zeder auf. Manche nähen sich Kräuter wie Rosmarin oder Weihrauch in den Saum ihrer Robe. Da besteht allerdings die Gefahr, dass die Kräuter beim Waschen Flecken hinterlassen können. Manche Roben sind mit Kapuze ausgestattet. Über den Kopf gezogen, ist eine Kapuze ideal für das In-Sich-Kehren und die Konzentration auf das Ritual. Eine Kopfbedeckung kann überhaupt zu bestimmten Anlässen sehr förderlich sein. Ich selbst verwende für manche Rituale ein baumwollenes Tuch, das ich mir wie ein Beduine um den Kopf lege. Anfangs ist das Gesicht noch frei. Im späteren Verlauf des Rituals, wenn ich tiefer in Trance oder Ekstase falle, ziehe ich das Tuch über das ganze Gesicht.

### DIE MASKE

Masken werden seit Urzeiten bei magischen und religiösen Zeremonien getragen. Zu bestimmten Zwecken schlüpft der Maskenträger in die Rolle eines angerufenen Geistes oder einer Gottheit und vertreibt böse Geister und Dämonen.

## DER GÜRTEL

Der Gürtel ist quasi ein magischer Kreis, der sich um den Körper des Magiers windet. Er dient zum einen zur Befestigung der Robe bzw. der Gewänder. Falls ihr euch nicht für eine einheitliche Ordensfarbe entscheidet, wählt jeder eine Farbe aus, die er mag und die für ihn eine bestimmte Bedeutung im Ritual hat. Als Material eignen sich folgende Stoffe: Baumwolle, Wolle, Samt, Seide und Leder in Form einer Kordel. Zum anderen nehmen manche Hexen und Magier den Gürtel auch als Messstab zum Abmessen; z. B. um den Durchmesser eines magischen Kreises zu ermitteln. Zu diesem Zweck machen sie sich Knoten in den Gürtel. Knoten können aber auch gespeicherte magische Energien oder Zustände kennzeichnen.

## DAS STIRNBAND

Das Stirnband stärkt deine Konzentration, wirkt schützend und aktivierend auf das Dritte Auge. Es bleibt deiner Fantasie überlassen, es zu verzieren, zu besticken oder mit passenden Edelsteinen zu schmücken. Geeignete Edelsteine hierfür sind Bergkristall, Amethyst, Fluorit und Rosenquarz, deine Lieblingssteine oder die deinem Sternzeichen zugeordneten Steine (siehe S. 93).

## BÄNDER, KORDELN

Sie werden in manchen Ritualen wie zum Hexenfest MABON zum Knotenknüpfen verwendet.

## RINGE

Im Buch bzw. Film „Herr der Ringe" wird deutlich, wie wichtig und mächtig solch ein Schmuckstück sein kann. Ein Ring ist ein Symbol für Kraft, Unsterblichkeit und Ewigkeit. Schon der Magier *Agrippa von Nettesheim* verwendete ihn zu magischen Ritualen, und die Großmeister der Logen tragen Ringe mit speziellen magischen Gravuren. Bei manchen Einweihungen in Orden und Logen werden den Aspiranten (= Anwärtern) Ringe übergeben.

## AMULETTE/TALISMANE

Amulette oder Talismane kannst du direkt am Körper oder in einer Kleidertasche tragen, oder auf den Altar legen.

Nachfolgend einige Amulette und Talismane, die bei magischen Ritualen eine bedeutende Rolle spielen, und welche, die speziell für Liebe, Freundschaft und Partnerschaft eingesetzt werden können:

1. **Das Horus-Auge** (auch UZAT oder UDJAT genannt) ist ein uraltes ägyptisches Symbol. Es symbolisiert das allsehende Göttliche und die kosmische Weisheit und Einheit. Dieses Zeichen schützt vor dämonischen Angriffen und vor dem bösen Blick anderer. Außerdem zieht es Reichtum, Stärke und Energie an. Auf manchen altägyptischen Bildern sind häufig zwei Horus-Augen abgebildet. Eines symbolisiert die Sonne, das andere den Mond.

2. **Das Pentagramm**, auch **Pentakel** oder DRUDENFUSS genannt, ist ein machtvolles Schutzzeichen und bewahrt vor Dämonen, Aberglauben und Alpträumen. Es besitzt die Eigenschaft, Angriffe auf seinen Verursacher zurückzuwerfen. Auch zur Anrufung geistiger Kräfte eignet es sich. Als **Pentagramm von Eden** ist es gut, um das Herz eines Geliebten zu gewinnen.

3. **Das Ying-Yang** verkörpert die Urprinzipien des Lebens, das männliche und weibliche Prinzip. Es stärkt die Lebenskraft, schenkt Harmonie und Ausgeglichenheit.

4. **Das Ankh-Kreuz** symbolisiert das ewige Leben, reinigt den Körper von negativen Energien und fördert Heilungsprozesse.

5. **Das Pentagramm Agrippas** schützt vor sichtbaren und unsichtbaren negativen Kräften, eignet sich gut für die zeremonielle Magie und bietet dem Magier Schutz.

6. **Die Blume der Aphrodite** bringt dauerhafte Liebe und eine wunderbare Freundschaft.

7. **Der Talisman der Liebe** fördert Kommunikation, Verständnis und eine glückliche Beziehung.

8. **Berka**, so heißt die siebte Rune im 24er Runen-System, steht für Weiblichkeit, Anmut und Schönheit und wird zum Finden eines Partners oder Liebhabers eingesetzt.

## DER ALTAR

Jede Hexe und jeder Magier sollte ihn haben: einen Altar. Das kann ein edler Zeremonienaltar aus dem Eso-Laden oder eine einfache Kiste sein. Du hast viele Möglichkeiten, deinen Altar selbst herzustellen und zu gestalten. Er ist dein wichtigster magischer Kraftort: für Rituale, Zauber, Meditationen und Gebete. Idealerweise ist er auch transportabel. Von Ritual zu Ritual wird dein Altar immer mehr mit magischer Energie aufgeladen. Als Zufluchtsort in manch trüben Stunden, bei Depressionen, Tiefs jeder Art und Liebeskummer (siehe Liebeskummer-Ritual S. 96) wird er dir wertvolle Dienste leisten. Setz dich an deinen Altar, relaxe, und stelle deine Fragen. Lausche auf Antworten. Sei geduldig, sie werden kommen. Wann immer möglich, solltest du bzw. solltet ihr einen Altar im Freien aufstellen. Das **Altartuch** kannst du frei wählen, am besten in einer passenden Farbe zum entsprechenden Ritual. Sehr wirkungsvoll ist immer ein strahlend weißes (Tisch-)Tuch oder ein schimmerndes schwarzes Samttuch. Auch Stickereien mit magischen Symbolen, einem Zauberspruch oder Batik-Arbeiten darauf machen sich gut.

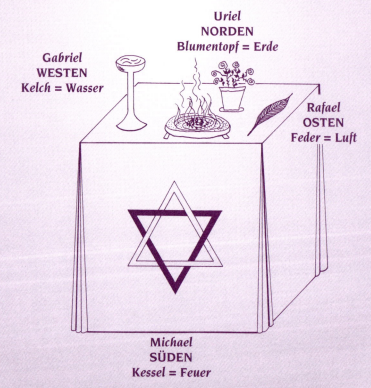

Beispiel für einen Altar. Gegenstände der Elemente verstärken die Wirkung des Zaubers

## DER MAGISCHE KREIS

Auf ein Tuch, eine Matte oder einen Teppich gemalt oder genäht, ist der magische Kreis ein praktischer transportabler Gegenstand. Der magische Kreis ist ein heiliger Bezirk, und die ihn betreten, sollten immer darauf vorbereitet sein.

## KERZEN

Kerzen sollten vor der Verwendung im Ritual geweiht werden. Verbreitet sind die vier Kerzen für die jeweiligen Himmelsrichtungen und Elemente in den entsprechenden Farben (siehe S. 106). Gewöhne dir an, Kerzen im Ritual niemals auszupusten. In der Hexentradition gilt dies als Beleidigung des Elementes Feuer. Es gibt auch nichts Unangenehmeres nach einer Zeremonie, als dass die Kerzen ausgepustet werden, das Wachs auf die schöne Tischdecke spritzt, der ganze Raum voller Qualm ist und die Beteiligten wie wild zu husten anfangen. Lösche die Kerzen auf sanfte Weise. Befeuchte deinen Daumen und Zeigefinger mit reichlich Spucke und drücke sie in der Flamme schnell gegeneinander, oder verwende einen speziellen Kerzenlöscher.

## DAS BUCH DER SCHATTEN ODER
## DAS TAGEBUCH DER MAGIE

Das BUCH DER SCHATTEN ist das traditionelle Zauberbuch der Hexen mit Zaubersprüchen, Ritualen, Anrufungen und Tagebuchaufzeichnungen. In der Tradition wird es zur Hexeneinweihung übergeben. Früher sollte es nach dem Tode einer Hexe vernichtet werden. In der heutigen Hexenzunft wird das Buch an die Schülerin(nen) weitergegeben. Das Tagebuch der Magie ist ebenso wie das Buch der Schatten ein unerlässliches Tagebuch für magische Lehrlinge. Es dient dir bei deinen spirituellen Fortschritten als wertvolle Hilfe. Im Gegensatz zum BUCH DER SCHATTEN ist es aber nicht nur als Tagebuch für weibliche Hexen bestimmt. Du kannst in deinem Tagebuch der Magie Symbole zeichnen, wichtige Begriffe oder Übungen aus dem BUCH DER MAGIE übernehmen. Es sollte ganz allein für dich bestimmt sein. Zeichne alles darin auf, was du an magischen Erlebnissen hast. Und lies regelmäßig darin.

### DAS ATHAME

Das Athame ist ein zweischneidiger Dolch mit einem schwarzen Griff. Verwende es nur für Rituale, also zum Weihen von Gegenständen.

### DAS BOLLINE

Ein Bolline ist ein einschneidiger Dolch mit einem weißen Griff. Das Bolline wird jedoch nur für praktische Zwecke wie das Schneiden von Kräutern, Eingravieren von Symbolen, Schnitzen von Zauberstäben etc. verwendet.

## DER STAB (ZAUBERSTAB)

Auf der Tarot-Karte Nr. 1 hält **„der Magier"** in seiner rechten Hand einen weißen Stab nach oben, die linke weist zur Erde. Dies ist eine für magisch wirkende Personen typische Haltung. Der (Zauber-)Stab steht für das Zeichen Luft und symbolisiert die universale, göttliche Willenskraft in reiner Absicht (Farbe Weiß). Der Magier ist der Mittler zwischen Himmel und Erde, dem Jenseits und Diesseits, Göttlichem und Menschlichem. Seine mit dem Stab erhobene Hand drückt die geistigen und seelischen Absichten aus, während die nach unten deutende Hand auf ganz konkrete Handlungen hinweist.

Lange Zeit diente der Zauberstab den Magiern und Hexen auch als Stütze bei langen Märschen. Es war sozusagen ein „tragbarer Altar". Der Zauberstab ist das Zeichen der Macht und der verlängerte Arm des Magiers. Auf ihn wird die Zauberkraft bzw. -energie übertragen. Dein Zauberstab ist ein Verbindungsstück zwischen der göttlichen Gnade des Himmels und der Verwirklichung auf Erden.

---

### HERSTELLUNG EINES ZAUBERSTABS:

Suche bei einem Waldspaziergang nach deinem ganz persönlichen Zauberstab. Es sollte ein stabiler, gerader Stock sein. Du kannst ihn z. B. aus Zweigen eines Haselnussstrauches, Weiden- oder Mandelbaumes anfertigen. Der Stab sollte etwa 20 bis 30 cm lang und so dick wie ein Finger sein. Frage die Pflanze und bitte um ihre Kraft. Sprich beim Abschneiden einen Zauberspruch und schäle die Rinde ab. Dann fertige aus gold- und silberfarbenem Material jeweils eine Hülse. An das eine Ende klebst du die goldene, an das andere die silberne Hülse. Schließlich kannst du in deinen Zauberstab auch deine ganz persönlichen magischen Symbole, Worte, Runen oder sonstige Zeichen eingravieren. Zuletzt salbe ihn mit Öl und weihe ihn. Jetzt ist er ein richtiger Zauberstab und einsatzbereit für deine guten kleinen und großen magischen Werke.

## DER BESEN

Vielleicht denkst du jetzt: Ach, der Besen gehört doch in die alten Hexenmärchen ... Da ritten doch krummnasige, warzenübersäte, hässliche Hexen darauf. Aber weit gefehlt. Schon bei den alten Römern reinigte man bei der Geburt eines Kindes damit die Schwelle des Hauses. Für die Hexen war der Besen ein wichtiges Symbol und Werkzeug. Sie führten mit ihm zahlreiche Rituale aus: Sie säuberten energetisch ihre magischen Kreise. Sie huschten mit den Besen zwischen den Beinen über die Gärten und Felder, um Fruchtbarkeit und reiche Ernte herbeizubeschwören. Der Besen wird heute wie damals in vielen Hexenzirkeln nutzbringend eingesetzt. Und zwar zum Reinigen und Segnen der rituellen Orte. Beim Kehren geht es in erster Linie um eine spirituelle Reinigung und nicht um das blitzeblanke Befreien von Staub. Wobei du aber beides durchaus miteinander verbinden kannst. Stelle dir beim Kehren vor, dass alles Negative vom betreffenden Ort verschwindet. Und sprich dabei den Zauberspruch:

> Alles Schlechte hinfort, Segen dem magischen Ort!
> Licht und Liebe leuchte und siege!

Lege deinen Hexenbesen unters Bett oder hänge ihn quer über die Schwelle deiner Zimmertür. Er wird dir Schutz und Glück bringen.

## DIE SCHALE

Die Schale wird häufig als Behälter für Salz verwendet. Salz symbolisiert ebenfalls das Element Erde und ist ein Sinnbild für Lebenskraft, Unsterblichkeit und Ewigkeit. Böse Geister mögen kein Salz und sie verschwinden, wenn du es während des Rituals ausstreust.

## DER KELCH

Der Kelch ist dem Element Wasser zugeordnet. Er symbolisiert die Göttin, das weibliche, empfangende Prinzip, Fruchtbarkeit, Gefühl, Intuition, Vision und den Heiligen Gral. Er sollte aus folgenden Materialien bestehen: Messing, Ton, Speckstein, Kristall, Gold oder Silber (aber bitte nicht aus Plastik oder anderen synthetischen Stoffen!). Die wichtigste Funktion des Kelchs ist das Aufnehmen und Formen von Flüssigkeiten. Er dient in der Magie u. a. der Weihe von Wasser oder anderen Getränken, die während des Rituals eingenommen werden. In manchen Zeremonien findet er Verwendung für Umwandlungsprozesse, wie z. B. die Wandlung im Gottesdienst der katholischen Kirche. Zu Zwecken des Hellsehens wird der Kelch quasi als magischer Spiegel benutzt. Der Magier stellt eine Frage und schaut so lange auf die glatte Oberfläche der Kelchflüssigkeit, bis er daraus eine Antwort erhält. Des Weiteren kann der gefüllte Kelch für Einweihungen und Heilrituale eingesetzt werden. Positive Gedanken und Empfindungen sowie heilsame Energien lässt der Magier bei der Einweihung und Heilung in den Kelch einfließen.

## DER KESSEL

Der Kessel ist ein typisches Hexenwerkzeug und erfüllt ähnliche Funktionen wie der Kelch. Auch in ihm findet eine zauberische Umwandlung statt. Die Hexen sehen im Kessel das Symbol der Göttin, der Weiblichkeit, der Fruchtbarkeit und des Wassers. Es gab und gibt Hexen, die aus dem Kessel lesen. Im Wicca-Kult steht er häufig im Mittelpunkt des Rituals. Er ist vielseitig verwendbar: zum Kochen und Brauen, als (Wasser-) Behälter für frische Blumen, als Feuerquelle oder Räucherkessel.

## DAS RÄUCHERWERK

Räuchern ist ein Mittel, um eine gute Atmosphäre zu schaffen und Gebete und Beschwörungen zu Göttern und Geistern zu tragen. Räuchern sensibilisiert für übersinnliche Wahrnehmungen. Zwei Formen des Räucherns stehen dir zur Wahl: entweder Fertigprodukte oder lose Stoffe auf Räucherkohle. Fertiges Räucherwerk enthält Salpeter als Brennmittel und kann meist als Kegel oder Stäbchen abgebrannt werden. Bei der zweiten

Form kommt das Brennmittel über die Räucherkohle, auf die lose Räucherstoffe gestreut werden.

## STEINE UND EDELSTEINE

Steine und Edelsteine sind ideale Empfänger und Sender für magische Botschaften. Sie eignen sich gut zum Tragen direkt am Körper oder als Altarschmuck. In manchen Ritualen wird auch direkt magisch mit ihnen gearbeitet (siehe S. 92 Das Edelstein-Treue-Mandala).

## DIE KRISTALLKUGEL

Sie wird aus Spezialglas oder Bergkristall gefertigt. Die Kristallkugel dient zum Wahrsagen, der so genannten Kristallomantie. Das Kristallschauen gleicht einer Meditation. Beginne es daher immer mit einer Atem- und Entspannungsübung. Wenn du die Kristallkugel für magische Zwecke einsetzt, ist ein behutsamer Umgang damit geboten. Zum einen darf sie nie ans Tageslicht gelangen, und zum anderen sollte sie immer in ein schwarzes Tuch gehüllt sein. Außerdem sollte niemand außer dir in sie schauen und mit ihr in Berührung kommen.

## DER MAGISCHE SPIEGEL

Der magische Spiegel ist ein uraltes und sehr starkes Hilfsmittel, um versteckte und unbewusste seelische und geistige Bereiche sichtbar zu machen. Hier kann sich zu Bildern formen, was sonst im Dunklen verborgen lebt. Hier darf ans Licht, was gesehen und erlöst werden will. Durch Konzentration und Meditation, das Rezitieren von Mantras und Zaubersprüchen und durch das Geschenk der Offenbarung kann dir dieser Spiegel helfen zu sehen und zu verstehen. Achte darauf, dass der Spiegel nicht zu stark reflektiert, denn das könnte dich ablenken.

## DIE GLOCKE

Die Glocke signalisiert Anfang und Ende eines Rituals. Sie kann auch bestimmte Abschnitte eines Rituals kennzeichnen. Die Dauer von Meditationen und Übungen wird damit gleichermaßen angezeigt. Achte beim Kauf auf einen angenehmen, reinen Klang.

## DER GONG / DIE KLANGSCHALE

Der Gong oder die Klangschale erfüllt die gleiche Funktion wie eine Glocke. Damit lassen sich ebenfalls Rituale einläuten und beenden. Achte auch hier auf einen guten Klang des Instrumentes.

## DIE TROMMEL

Sie kommt größtenteils bei Hexenritualen und schamanistischen Zeremonien zum Einsatz. Achte beim Kauf der Trommel auf ihre Handlichkeit. Manche Ausführungen haben auf der offenen Seite ein Kreuz, mit dem man die Trommel gut greifen kann.

## RITUAL-SETS

Für den Einstieg empfehlenswert sind auch Ritual-Sets, Hexenkisten bzw. witch boxes. Eines dieser Starterkits ist die witch box von **magicult** (siehe Anhang Seite 142). Sie enthält die wesentlichen Gegenstände für einen Elemente-Altar, nämlich je ein Erdsymbol (= Edelstein), ein Wassersymbol (= Kelch), ein Feuersymbol (= Räucherstäbchen und -halter) und ein Luftsymbol (= Feder).

# VORÜBUNGEN

## WIE DU DICH AUF RITUALE VORBEREITEN KANNST

Dein Weg der Magie ist mit einer Reise vergleichbar. Auf eine wichtige Reise bereitest du dich vor. Du machst eine Liste der Dinge, die du mitnimmst. Je mehr du dich auf deine magische Reise vorbereitest, desto selbstbewusster und sicherer wirst du die Rituale ausführen können, desto besser werden sie gelingen. Hier sind einige Tipps für dein persönliches „**magisches Reisegepäck**":

### VISUALISATION DER GEPLANTEN RITUALE

Du musst nicht auf einmal und nacheinander sämtliche Rituale dieses Buches durchführen. Konzentriere dich zunächst nur auf **ein einziges** Ritual. **Konzentration** ist die Basis für das Gelingen all deiner magischen Vorhaben.

### GESUNDE LEBENSWEISE

Für eine echte magische Schulung ist es unerlässlich, dass du außer Geist und Seele auch deinen Körper schulst. Und das bedeutet: Reinigung des Körpers durch eine bestimmte Lebensweise. Höre nicht nur auf deinen Verstand, sondern auch auf deine Intuition, deine innere Stimme.

Tatsache ist, dass eine achtsame, gesundheitsbewusste Lebensweise für eine magische Schulung nicht nur förderlich, sondern auch Voraussetzung ist. Und das fängt bei der Ernährung an. Geh mit offenen Augen durch den Supermarkt oder das Kaufhaus. Bevor du Lebensmittel kaufst, lies erst die Produktinformationen auf den Packungen und informiere dich auch anderweitig über die Waren. Kaufe deine Lebensmittel bevorzugt in Naturkostläden und Reformhäusern. Auch wenn sie etwas teurer sind, es lohnt sich letztlich. Eine „Ist-ja-eh-egal-was-ich-esse"'-Einstellung passt nicht zu einer modernen Hexe oder einem Magier.

### FASTEN?

Du musst kein Vegetarier sein, bist nicht gezwungen, regelmäßig zu fasten oder bestimmten festgelegten Regeln zu folgen. Dennoch ist es hilfreich, zu gewissen Zeiten oder vor ganz bestimmten Ritualen zu fasten. Es dient nicht nur zur Reinigung von Körper, Geist und Seele, sondern macht dich auch sensibler und empfänglicher für deine spirituelle Wahrnehmung. Und so bringt es dich auch der Erkenntnis und Erfahrung des Göttlichen näher, wie man am Beispiel vieler religiöser und magischer Persönlichkeiten sehen kann. Wenn ich zu meinen Seminaren fahre oder mich auf besondere Rituale vorbereite, faste ich meistens vorher. Sinnvoll kann auch ein Teil-Fasten sein: z. B. der zeitlich begrenzte Verzicht auf bestimmte Nahrung wie Fleisch, Süßigkeiten, Cola oder andere Genüsse. Das stärkt deine Willenskraft. Setze dir dabei ein realistisches Ziel, das du auch einhalten kannst. Doch bevor du fastest, hole erst den Rat eines erfahrenen spirituellen Lehrers oder eines Arztes ein. Denn Fasten ohne Kenntnis und genaue Anleitung ist nicht ungefährlich. Achte stets auch auf genügend Schlaf, Bewegung und frische Luft.

Von allen Wegen bewährt sich auch in der Lebensweise eines magisch denkenden Menschen der berühmte **„Goldene Mittelweg"**.

# DER ATEM

### VON DER WICHTIGKEIT DES BEWUSSTEN ATEMS

Bei den Indern, die die höchste Kunst der Atemtechnik entwickelt haben, heißt der Atem „prana" und bedeutet „das wahre Leben". Im Atem verbirgt sich das Geheimnis von Magie und Leben überhaupt. Die Schulung des Atems macht dich fähig, deine Willenskraft zu stärken. So wie ein Zug Güter von A nach B transportiert, so kannst du mit Hilfe des Atems lernen, z. B. Gedanken von dir zu einem anderen Menschen zu tragen. Das klappt natürlich nicht sofort, sondern erfordert Übung und Erfahrung. Im Atem liegt auch der Schlüssel zu stabiler Gesundheit verborgen.

---

### MAGISCHE ÜBUNG:

*(allein – während eines Tages)*

*Versuche mal, während eines ganzen Tages bewusst auf deinen Atem zu achten. Das gelingt freilich nicht an einem Stück. Entdecke nach und nach deinen Atem, deine Atemkraft. Weil du ihn schnell wieder vergisst, mach dir eine Merkhilfe. Schreib dir auf deine Hand: **ATEM!** Oder kleb dir einen selbst gemachten Sticker auf deine Armbanduhr.*

### MAGISCHE ÜBUNG:

(gemeinsam – ca. 15 Minuten)

Bildet einen Kreis und fasst euch an den Händen. Schließt die Augen und stellt euch vor, wie eine weiße, schützende Lichtwolke euch umhüllt. Entspannt atmet erst einmal jeder für sich. Dann findet zum gemeinsamen Atmen und stellt euch vor, dass daraus ein gleichmäßiger, gleichzeitiger Atem wird. Mit dem Summen eines intuitiv angestimmten Tones, der sich zu einem gemeinsamen Ton entwickelt, beschließt ihr die Übung.

# DIE ENTSPANNUNG

### EINFACHE MUSKEL-ANSPANNUNGS- / ENTSPANNUNGSÜBUNG

(Allein – ca. 10 – 15 Minuten)

Entspannungs- und Atemübungen sind die Voraussetzung für jeden weiteren magischen Step wie **VISUALISATION**, **MEDITATION** und die weiteren hier im Buch aufgeführten **MAGISCHEN RITUALE**.

Lege dich **auf den Rücken** auf eine Decke am Boden und entspanne. Lockere alle Körperteile. Konzentriere dich ein paar Minuten nur auf deinen Atem und lass ihn langsam ein- und ausströmen. Dann lenke deine Aufmerksamkeit auf deine rechte Hand und balle sie zur Faust. Während du einatmest, spanne die Muskeln deiner rechten Hand an, zähle bis drei und entspanne sie wieder, während du nochmals bis drei zählst (etwa den Sekunden entsprechend). Die Anspannung sollte dir auf keinen Fall Schmerzen bereiten. Nun verfahre ebenso mit deinen anderen Körperteilen: Spanne die linke Faust an, entspanne sie wieder und dann den rechten Unter- und Oberarm, den linken Unter- und Oberarm, Hals, Gesicht, Brust, Rücken, Bauch, Genitalien, rechten Oberschenkel, linken Oberschenkel, rechten Unterschenkel, linken Unterschenkel, rechten Fuß, linken Fuß. Entspanne dich danach und atme ruhig. Spürst du die Wärme und Kraft, die in dich strömen?

> **MERKE**: Grundlage bei dieser und anderen Übungen (vor allem im Yoga) ist immer das Prinzip ANSPANNUNG (Einatmen) und ENTSPANNUNG (Ausatmen).

Wenn du in diese Art von Entspannungstechnik tiefer einsteigen willst, besorge dir Bücher über die so genannte „PROGRESSIVE MUSKELENTSPANNUNG" nach Jacobson. Total interessant und wirksam!

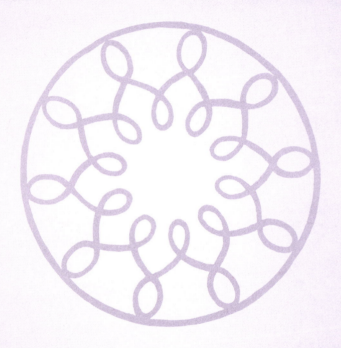

## DIE VISUALISATION

### FARBVISUALISATION

(allein – 10 bis 15 Minuten)

Folgende Übungen werden dir helfen, deine VISUALISATIONSKUNST zu schulen. Du kannst dir deine Wünsche und Pläne so vorstellen, wie sie sich dann auch tatsächlich ereignen sollen. Dreh deinen eigenen Film, sei dein eigener Drehbuchautor, Regisseur und Kameramann in einem. Wiederhole die Übungen so oft wie möglich. Sie werden dich so stark machen, dass du den nötigen Willen zur Durchführung deiner Vorhaben dann auch aufbringen kannst.

- Setze dich in eine entspannte Meditationshaltung. Schließe die Augen. Atme ruhig und tief. Nun stelle dir die Farbe ROT vor und bade dich förmlich darin. Wie fühlst du dich dabei? Mache dieselbe Übung auch mit der Farbe BLAU (und später mit anderen Farben). Sollte es nicht sofort klappen mit dem Sich-Vorstellen-Können der Farben, besorge dir farbiges Papier und mache die Übung zuerst mit geöffneten Augen, indem du dich einige Zeit auf das farbige Papier konzentrierst. Danach schließe die Augen und stelle dir die entsprechende Farbe noch einmal vor. Das hilft.

- Schließe die Augen. Stell dir eine Situation mit einer geliebten Person vor, mit der du dich verabredet hast. Visualisiere, wie du dich zu Hause auf sie vorbereitest. Du machst dich ganz besonders schön, natürlich nur für deinen Lover. Sieh dich in den Klamotten, die du zu diesem Treffen anziehen willst (vielleicht kaufst du dir ja extra welche aus diesem Anlass). Du gehst aus dem Haus, die Straße entlang, bist guten Mutes, pfeifst ein Lied und freust dich riesig auf deinen Schwarm. Du bist etwas aufgeregt, hast schwitzige Hände, die Luft im Bauch könnte auch ein Problem werden, aber sonst ist alles o.k. Du spielst einfach alles durch, erfüllst dir deine sehnsüchtigsten Träume: eine zärtliche Umarmung, der erste Kuss und ...

- Du hattest Zoff mit Freunden, Schulkameraden oder Lehrern? Stell dir einfach mal Situationen mit den betreffenden Leuten vor, die ganz anders aussehen als zuletzt, nämlich positiv. Hast du die Situation damals vielleicht als ausweglos betrachtet, so lösen sich jetzt die Dinge wie von selbst.

- Schließe die Augen, und stelle dir einige Minuten lang einen dunkelblauen Nachthimmel vor, der mit unzähligen Sternen übersät ist. Diese Übung wird dir helfen, dein Bewusstsein auszudehnen. Mache sie immer mal wieder.

# WIE GEHT MEDITIEREN EIGENTLICH?

### WIE DU DEN EINSTIEG FINDEST

Wie geht Meditieren eigentlich richtig? Das ist eine der meist-gestellten Fragen von interessierten Einsteigern an mich.

Vorab: Natürlich gibt es nicht nur die **eine** Meditation. Es existieren unzählige Möglichkeiten des Meditierens und Varianten aus unterschiedlichen Traditionen. Manche sind an religiöse Systeme gebunden und verlangen eiserne Disziplin, oft knochen-hartes Training. Ein fähiger Meditationslehrer sollte in der Lage sein, die für seine Schüler geeigneten Meditationen auszuwählen.

Allen Meditationsarten gemeinsam sind jedoch folgende fünf Punkte:
- Eine lockere Haltung
- Die Entspannung des Körpers
- Das Verlangsamen des Atems
- Die Konzentration auf etwas Wesentliches
- Die Kontrolle des Geistes

Du wirst jetzt vielleicht einwenden: „Ich kann einfach nicht ruhig bleiben." Don't talk, just do it! Nicht reden, einfach tun, und zwar nicht morgen oder übermorgen, sondern gleich jetzt. Du wirst dich wundern, wie schnell es dir gelingen wird.

---

### EINE KLEINE VORÜBUNG:

*Setze dich ruhig in eine entspannte Sitz- oder Liegestellung. Schließe die Augen, lasse alles los und entspann dich. Achte einfach nur mal auf deinen Atem, und zwar atme durch die Nase ein und durch den Mund aus. Genieße es richtig, die Luft ein- und ausströmen zu lassen. Du brauchst jetzt nichts anderes tun, als einfach nur da zu sein. Wenn störende Gedanken aufkommen, mache in deiner Vorstellung eine Handbewegung, als würdest du sie leicht wegschieben. Zähle jetzt mit jedem Atemzug von 24 rückwärts bis 1. Also: 24, einatmen, 23 ausat-men, 22 einatmen usw. Wenn du willst, fange diesen Zyklus dann noch einmal von vorne an. Steigere die Meditationszeit, von anfangs etwa fünf Minuten auf später 15 Minuten oder eine halbe Stunde. Mache die Übung in der ersten Zeit möglichst täglich, bis sie dir so leicht fällt, dass du keine größeren Probleme hast, dich zu konzentrieren.*

# DIE HERZ-MANDALA-ÜBUNG

1. **ENTSPANNUNGSÜBUNG** mit ruhigem Atmen

2. **BETRACHTEN**

Konzentriere dich auf vorliegendes HERZ-MANDALA. Es ist ein Symbol, das an tiefe Gefühlsschichten in dir rührt. Betrachte es ca. fünf Minuten intensiv (oder länger). Sinne nach über seine Größe, Form und Farbe. Versuche, möglichst alles zu erfassen, was diesen Gegenstand ausmacht. Beobachte, wie lange deine Gedanken ohne Unterbrechung auf dieses Bild gerichtet sein können. Steigere die Länge der Übung von Mal zu Mal.

Denke intensiv an das Wort „**Herzensliebe**" und murmel es einige Male vor dich hin.

Wenn Gefühle hochkommen oder Tränen rollen wollen, unterdrücke sie nicht! Lass sie einfach laufen. Heule, solange du musst und Lust verspürst. Das ist total gesund und reinigend. Und es kann sein, dass du dich danach wie neu geboren fühlst.

Im Folgenden erhältst du ein paar Gedanken und Assoziationen für deine Übung mit dem Herz-Mandala, die dir für ein tieferes Verständnis und Erleben der Meditation nützlich sein können:

> Betrachte das Herz-Mandala. Es wirkt auf den ersten Blick vielleicht wie eine Blüte von oben oder auch wie der Querschnitt einer exotischen Frucht. In dem rosettenartigen Kreis kannst du drei große Herzen erkennen. Sie stehen für die göttliche Dreieinigkeit, die Macht der Drei oder die Dreiheit Körper, Geist und Seele. In den Herzen sind weitere Herzen „verwurzelt". Sechs dieser kleinen Herzen sind also in den drei großen Herzen. Die Sechs spielt eine zentrale Rolle in diesem Mandala. Sie ist auch die Zahl der Liebe, Freundschaft und Erotik.

### 3. VORSTELLEN

Nun schließe die Augen und versuche, dir dieses Mandala vorzustellen. Sei nicht entmutigt, wenn es nicht auf Anhieb gelingt. Da hilft nur beständiges Üben.

In meinem Werk DAS BUCH DER MAGIE findest du unter dem Begriff KONZENTRATION weitere aufbauende Stufen zu dieser Übung (Erweiterung, Ortswechsel, Dekonzentration).

# PENTAGRAMM-MEDITATION

Fertige eigenhändig eine Zeichnung eines Pentagramms an. Die Zeichnung oben kann dir als Vorlage dienen. Schaffe jedoch dein ganz eigenes Pentagramm. Zeichne bzw. male es auf stabiles Material (Pappe o. ä.), ca. 10 cm hoch und breit und zwar in deiner Lieblingsfarbe.

Nun begib dich in Meditationshaltung und stelle oder lege das Pentagramm vor dich hin. Atme bewusst einige Züge tief, gleichmäßig und entspannt. Dann betrachte dein Zeichen ohne Anstrengung etwa fünf Minuten lang. Lasse deine Eingebungen (Inspirationen) und Gedankenverbindungen (Assoziationen) einfach kommen. Welche geometrischen Teile kannst du in diesem Symbol erkennen? Jetzt stelle dir dieses Pentagramm als die Verkörperung eines Menschen vor. Siehst du den Körper, die Gliedmaßen und den Kopf darin? Dann denke dich selbst mit deinem ganzen Körper in dieses Pentagramm.

Vergiss, was du gedacht hast, schließe deine Augen und stelle dir das Pentagramm als hell leuchtende Figur vor. Atme während dieser Meditation immer tief, gleichmäßig und entspannt.

# DIE MACHT DES WORTES

*Durch das ständige Wiederholen eines Mantras schaffen wir in und um uns ein Feld, aus dem wir immer wieder Kraft, Schutz und Heilung schöpfen können.*

*Yan d'Albert*

# MAGISCHE ANRUFUNGEN

Eine Anrufung (Invokation) ist das Herbeirufen einer Gottheit, eines Engels oder anderer Geister mit ihren entsprechenden Namen (Gott und Göttin, Jehova, Allah, Michael, Gabriel usw.). Dadurch können deren Eigenschaften und Segnungen auf den Anrufenden bzw. Rezitierenden übertragen werden.

---

INVOKATION:
(für Meditationen, magische Rituale und universelle Feste)

Dem Einen entgegen,
der da ist die Vollkommenheit
von Liebe, Harmonie und Schönheit,
dem einzig Seienden, vereint mit all den
erleuchteten Seelen, die den Meister, den Geist
der Führung verkörpern.
Amen.

---

EINLADUNG DER ENGEL
(für Rituale und Zeremonien im Zirkel)

„Mächtiger Erzengel Gabriel, Hüter des Westens,
ich rufe dich. Sei gegrüßt und willkommen!
Ich bitte dich um deine Stärke und deine Liebe.
Mächtiger Erzengel Michael, Hüter des Südens, ich rufe dich.
Sei gegrüßt und willkommen! Ich bitte dich um
deine Kraft und deinen Schutz.
Mächtiger Erzengel Rafael, Hüter des Ostens,
ich rufe dich. Sei gegrüßt und willkommen!
Ich bitte dich um deinen Trost und deine Heilung.
Mächtiger Erzengel Uriel, Hüter des Nordens, ich rufe dich.
Sei gegrüßt und willkommen! Ich bitte dich um Erleuchtung.
Ihr mächtigen Erzengel, ich danke euch für euren Beistand!"

**ANRUFUNG DER GÖTTIN UND DES GOTTES**
(für Rituale im magischen Kreis)

„Ich rufe euch, Göttin und Gott,
universelle Macht der vollkommenen Liebe!
Ich bitte euch, versiegelt diesen Kreis
vor allem Schädlichen und Bösen.
So sei es!"

## DIE POWER DER MANTRAS

Sie begegnen uns auf Schritt und Tritt, oft am Aufdringlichsten in der Werbung. Achte einmal darauf und du wirst dich schon in Kürze dabei ertappen, dass du wie verzaubert – allein durch den Sound eines Produktes, eines Firmennamens etc., also eines Werbe-Mantras – ganz unbewusst zum Kauf desselben ferngesteuert wirst. Die gleiche Power auf dich und deine Umgebung, nur eben zu Zwecken der spirituellen Schulung, haben die ursprünglichen

**Mantras.** Wer jemals eine Session im Mantra-Chor miterlebt hat, dem wird dies unvergesslich bleiben und möglicherweise wird er das Mantra-Rezitieren und Singen nie mehr missen wollen.

Was nun ist ein Mantra? Gehen wir der Wurzel des Wortes nach, so stoßen wir auf die indischen Sanskrit-Wörter **man** = „denken", „Geist" und **tra** = „Werkzeug", „Mittel", „bewirkende Kraft". Ein Mantra ist also ein kraftgeladenes Wort oder auch ein Satz. Quasi ein Zauberwort. Es dient uns als Hilfsmittel, unser Denken auf etwas Wesentliches zu konzentrieren. In den spirituellen Traditionen sind Mantras Energieformen aus Klangschwingungen, die ihren Ursprung in schöpferisch göttlichen Quellen haben.

- Finde dein persönliches Mantra oder lass dir von einem erfahrenen Lehrer eines geben. Mit diesem Mantra musst du dich aber nicht zwangsläufig einer bestimmten magischen oder religiösen Richtung verpflichtet fühlen.

- Mit dem Üben von Mantras erschließt du neue Quellen der Kraft. Sie bringen dir mehr Konzentration, Energie, Kreativität, Liebesfähigkeit und Lebensfreude. Mantras können dir helfen, deine volle Power zu entdecken und zu verwirklichen.

- Bei längerer Praxis kannst du einen Punkt erreichen, wo das Mantra wie automatisch in dir spricht. Und das ist dann eine Stufe höchster Gnade. Damit ist ein Zustand voller Ruhe, Schutz und Freude gemeint.

- Was passiert nun beim Mantra-Rezitieren mit dir? Du erzeugst dabei Schallwellen, die deinen Zustand positiv beeinflussen. Laut ausgesprochene oder halblaut gemurmelte Mantras wirken wie Massagen auf die Zellen deines Körpers. Innerlich gesprochene (also akustisch nicht hörbare) Mantras haben ebenfalls eine wohltuende Wirkung. Manche Meister halten diese Methode sogar für die höchste und wirkungsvollste Kunst des „Mantramierens".

Ich weise darauf hin, dass die nachfolgenden Mantras mit religiösen Systemen in Verbindung stehen und für die Gläubigen eine besondere Bedeutung haben. Daher rate ich dir, ganz bewusst und behutsam mit ihnen umzugehen!

# PANIK-MANTRAS

Stell dir vor, du machst im Zeltlager einen nächtlichen Ausflug an einen Bach, um Wasser zu holen. Plötzlich steht da ein Rudel kläffender, streunender Hunde vor dir (... ist mir selber in Griechenland schon mal passiert). Ja, da hilft einfach nur noch ein Stoßgebet, ein Zauberspruch oder ein (ich nenne es) „Panik-Mantra". Denn mit Mantras kannst du Energien aufbauen, die stärkend und schützend wirken. Ein hilfreiches Mittel bei kritischen Situationen ist z. B. die Naudiz-Rune (Not-Rune) mit den beiden Zeigefingern als Mudra (= ein mit der Hand geformtes Zeichen) zu bilden und dabei zu sprechen: **„Not wende dich!"**

Das folgende Panik-Mantra ist arabisch und gilt bei den Sufis und Muslimen als wichtigstes Schutz-Mantra und Abwehrformel gegen Negatives. Die betonten Vokale sind fett; zusätzlich unterstrichene Buchstaben werden länger ausgehalten:

| **Audhu\* bilähi minna schäitan ir-radschiem** |
|---|

(\* sprich das „dh" wie ein englisches „ti äitsch" aus, so wie beim englischen Wort „this").

Du kannst es auch auf deutsch sprechen:

*„Ich nehme Zuflucht bei Gott, vor dem gesteinigten Satan!"*

| Ya Haqq! |
|---|

(arabisch) = *„Oh Gott, der Du die Wahrheit bist!"*

| La ilaha illa Llah |
|---|

(arabisch) = *„Es gibt keinen Gott außer Gott!"*

Dieses Mantra wird in der Regel nur auf arabisch gesprochen.

Gerade in Krisensituationen sehr wirkungsvoll ist das hinduistische Mantra:

| Hare Krischna Hare Krischna<br>Krischna Krischna Hare Hare<br>Hare Rama Hare Rama<br>Rama Rama Hare Hare |
|---|

(sanskrit) = *„O göttlicher Dieb, der Du alles zu Dir ziehst, o göttlicher Dieb, Quelle aller Freude!"*

(in einer Übersetzung von E*knath Easwaran*, einem weisen, indischen Lehrer). **Krischna** ist der Name der höchsten Persönlichkeit Gottes bei den Hindus. Wenn du dieses so genannte Maha-Mantra (großes Mantra) regelmäßig rezitierst bzw. chantest (= singst), kannst du die Furcht aus deinem Herzen vertreiben und cool bleiben.

Weitere wichtige Mantras aus verschiedenen Traditionen und Religionen:

**Hinduismus / Buddhismus**

| Om |
|---|

(wird „der absolute Laut" genannt)

**Zoroastertum**

| Ahura Masda |
|---|

(persisch) = *„Weiser Meister"*

**Hinduismus**

| Om Namah Schiwaya |
|---|

(sanskrit) = *„Om und Heil sei Schiwa"* oder auch sinngemäß: *„Herr, dein Wille geschehe!"*

**Buddhismus**

| Om Mani Padme Hum |
|---|

(sanskrit) = *„O göttliches Juwel im Lotos-Zentrum meines Herzens"*

**Judentum**

| Sch'ma Israel Adonai Elohenu Adonai Echad |
|---|

(hebräisch) = *„Höre, o Israel, der Herr, unser Gott, ist der Eine"*

**Christentum**

> Kyrie Eleison, Christe Eleison

(griechisch) = *„Herr, erbarme dich unser, Christus, erbarme dich unser!"*

**Islam / Sufismus**

> Bismillah ir-Rahman ir-Rahim

(arabisch) = *„Im Namen Gottes, des Allerbarmers, des Barmherzigen!"*

in kalligraphischer, arabischer Schrift:

**Sikh-Religion**

> Wahe Guru Satnam

= sinngemäß: *„Sein (Gottes) Name ist Wahrheit!"*

# MANTRAS FÜR FREUNDSCHAFT UND LIEBE

Zum Finden einer Freundin bzw. einer weiblichen (Lebens-) Partnerin:

> Patniem Manoramam Dehi
> Mano Writtanus Sariniem

= *„Segne mich mit einer schönen Frau!"*

Zum Finden eines Freundes
bzw. eines männlichen (Lebens-)Partners:

> Sat Pat**iem** Deh**i** Param**e**schwar**a**

= *„Segne mich mit einem göttlichen Mann"*

Zur Lösung von Konflikten und Erweckung der Liebe:

> Om Schr**ie** Ram Dsch**ä** Ram Dsch**ä** Dsch**ä** Ram

= *„Sieg für Rama, Sieg für die Macht der Liebe, die Gott ist!"*

Kannst du dir vorstellen, dass dieses Mantra täglich von Millionen von Menschen gemurmelt und gesungen wird ...?

Die folgenden Mantras gehören zu den schönsten Namen Gottes auf arabisch:

> Ya Hab**ieb** (= o Liebling)

> Ya Wad**ud** (= o Liebender, Du, der einzig Liebenswerte)

»AL-WADUD«, der Liebende, einer der 99 schönsten Namen Gottes

### TIPP ZUM REZITIEREN VON MANTRAS

Lies die eben aufgeführten Mantras der Reihe nach langsam, laut und in deutlicher Aussprache. Welches davon spricht dich spontan an? Wähle nach einer Zeit der Überlegung **ein** Mantra als dein Übungsmantra aus. Lass dir ruhig Zeit beim Auswählen. Manchmal findet so ein Mantra auch ganz automatisch seinen Weg zu dir. Es sollte zu deinem Herzen sprechen und in dir widerhallen.

# RITUALE

## IMOS BELILA MASAJU

*Ehre sei den Hexenfesten!*

# WAS IST EIN MAGISCHES RITUAL, UND WIE FUNKTIONIERT ES?

Rituale bestimmen auch deinen Alltag. Ohne sie könnten wir nicht leben. Und seit Menschengedenken sind wir auf der Suche danach. Du kennst sie sehr gut: die kleinen Rituale wie Zähne putzen, Duschen, Morgengymnastik, die Tageszeitung am Frühstückstisch, der Abschiedskuss, die kurze Meditation. Und da sind die großen Rituale wie Taufe, Kommunion, Hochzeit, Beerdigung usw. Eigentlich ist alles, was wir bewusst und wie eine symbolische Handlung wiederholt ausführen, ein Ritual.

Mit dem lateinischen Wort Ritus oder Ritual ist ursprünglich ein feierlicher Brauch mit einem festgelegten Ablauf gemeint. Bei dieser religiösen oder magisch-traditionellen Zeremonie wird ein Gott oder werden Gottheiten, Geistwesen oder Elementarkräfte angerufen.

Es war mir wichtig, Rituale auszuwählen und zusammenzustellen, die für dich möglichst nachvollziehbar sind. In der magischen Literatur wimmelt es von Ritualen mit endlosen Texten und Bewegungsabläufen. Nichts ist ätzender als ein immer wiederkehrendes Ritual, dessen Sinn einem fremd ist und das immer wieder nach dem gleichen Strickmuster routiniert abläuft. Die Rituale in diesem Buch stammen teilweise aus sehr alten magischen Traditionen oder sind durch sie inspiriert und in unsere heutige moderne Form gebracht. Vielleicht können sie dich auch dazu inspirieren, eigene Rituale zu entwickeln.

## DIE RICHTIGE EINSTELLUNG UND EINSTIMMUNG

Einstellung und Einstimmung sind wichtige Punkte im Ritual. Bereite dich **mental** (= geistig, in Gedanken) und mit einer rituellen Reinigung darauf vor. Wähle bewusst eine passende Bekleidung. Manche mögen's absolut ruhig, andere wiederum verwenden sanfte Musik zur Vorbereitung fürs Ritual. Manche spielen selbst ein Musikinstrument, bringen sich mit Trommelschlägen in Stimmung. Finde für dich selbst heraus, welches die beste Methode für deine Vorbereitung ist.

Musik ist Magie pur. Und die solltest du dir für deine Rituale bei jeder Gelegenheit zu Nutze machen. Erstelle eine Liste mit deinen Lieblingsstücken und schreibe dahinter, welche besonders positiven Erinnerungen du damit verbindest. Wähle dafür Musik aus, die zur jeweiligen Stimmung passt. Zünde passende Kerzen an und verwende entsprechendes Räucherwerk.

Auf **www.magicult.de** findest du CDs für solche Gelegenheiten, magische Rituale und Liebesmomente.

**DER RICHTIGE PLATZ**

Wähle einen energetisch geeigneten Ort, drinnen oder draußen. Wenn möglich, sollten die Rituale vorzugsweise in der freien Natur stattfinden. Baue deinen Altar **Richtung Norden** auf. Stelle in jede Himmelsrichtung eine Kerze auf, wenn möglich in folgenden Farben:

Osten: **blau**
Süden: **rot**
Westen: **grün**
Norden: **gelb**

Bevor du ein Ritual beginnst, verwende eine Anrufung oder sprich folgenden Spruch:

> Der richtige Ort,
> die richtige Zeit,
> das rechte Wort,
> ich bin bereit ... *
>
> * (in der Gruppe „wir sind bereit")

# TAGES- UND NACHT-RITUALE

## MORGENRITUAL

Seit Urzeiten wird die aufgehende Sonne in den Ritualen der Erdvölker begrüßt und geehrt. Aus dem Kulturgut der Parsen, des altpersischen Volkes der Weisen und Priester, sind auch Traditionen der weißen Magie hervorgegangen. Sie verehrten und verehren heute noch auf ihren Gebetsteppichen kniend die Sonne bei ihrem Auf- und Untergang. Das **„Surya Namaskar"** oder **„Sonnengebet"** stammt aus der indischen Tradition. Es ist eine Tausende von Jahren alte Körper- und Atemübung. Sie besteht aus zehn Positionen des Yoga und stellt gleichzeitig ein Huldigungsritual an die Sonne dar. Auch dieses für Körper, Geist und Seele sehr heilsame Ritual wird oft schon am Morgen praktiziert. Das bedeutet für dich: früh aus den Federn! Nutze die Zeit des **Sonnenaufgangs**. Denn das ist für Rituale jeglicher Art die beste Zeit. Dann nämlich befindest du dich in einem besonders empfänglichen Zustand und nimmst die für deine spirituelle Entwicklung so wertvolle ultraviolette Strahlung auf. Du wirst spüren, dass das eine ganz besondere Zeit für magische Rituale ist. Hast du dich erst einmal an dein Morgenritual gewöhnt, wirst du es schätzen lernen und gerne öfter praktizieren wollen.

Begib dich in einen magischen Kreis oder hülle dich in einen weißen Lichtkreis. Atme erst ein paar Mal tief und entspannt ein und aus, um ganz zur Ruhe und zu dir selbst zu finden. Übrigens: Auch deine morgendliche Körperhygiene kannst du mit nachfolgender geistiger Reinigung verbinden. Die kultischen Waschungen in den verschiedenen Traditionen und Religionen (z. B. Islam, Hinduismus u. a.) verfolgen den gleichen Zweck, nämlich Körper, Geist und Seele zu läutern und für Gott oder die Gottheit zu öffnen.

Bei folgendem Waschungsritual spielt die Zahl drei eine Rolle. Das dreimalige Wiederholen verstärkt die Wirkung deines Rituals. Denn ein magischer Spruch lautet: „Was dreimal geschieht, erfüllt sich."

Wasche dein **Gesicht** dreimal und sprich dabei:

„Ich reinige mein **Gesicht**. Mögen meine negativen Gedanken weggespült werden und ich in klarer und reiner Absicht diesen Tag (bzw. dieses Ritual) begehen."

Wasche deine **Ohren** dreimal und sprich dabei:

Ich reinige meine **Ohren**, die nichts Böses hören mögen."

Spüle deinen **Mund** dreimal aus und sprich dabei:

„Ich reinige meinen **Mund**, aus dem nichts Böses über meine Mitmenschen kommen möge."

Wasche deine **Hände** dreimal und sprich dabei:

„Ich reinige meine **Hände**, mit denen ich keine üblen Taten begehen möge."

Wasche deine **Füße** dreimal und sprich dabei:

„Ich reinige meine **Füße**, die keine schlechten Wege beschreiten mögen."

Zur Beendigung des Morgenrituals empfehle ich ein Gebet, das *Hellmut Wolff*, einer meiner geistigen Lehrmeister, in ähnlicher Weise immer gesprochen hat:

O Gott (... du kannst auch einen anderen Namen einsetzen),
ich danke dir für die Wunder, die Du mir heute bereitet hast.
Lasse sie mich erkennen und verwirklichen!
Und alles ist gut.

Achte grundsätzlich bei allen Ritualen auf bewusste und innige Durchführung. Denn ein nicht ausgeführtes Ritual ist besser als ein schlecht durchgeführtes.

## MITTAGSRITUAL

Zum Mittag bietet sich natürlich ein Essensritual bzw. ein Gebet an. Die Schwingungen der gesprochenen Worte ziehen in das Essen und wirken wohltuend auf Körper, Geist und Seele der Beteiligten. Auch moderne Hexen und Magier sprechen vor dem Essen ein Segensgebet. Sprich es laut oder innerlich, gemeinsam oder allein, je nachdem, wie dies in eurer Familie möglich ist. Das folgende kurze Gebet stammt von den Sufis, den Magiern des Ostens und Westens.

> Oh Du Erhalter
> unserer Körper, Herzen und Seelen,
> segne alles,
> was wir in Dankbarkeit empfangen.
> Amen.
>
> **Hazrat Inayat Khan**

Zu Hause in unserer Familie wechseln wir die Mittagsgebete häufig. Aus allen Traditionen ist mal eins dabei. Manchmal lesen wir sie aus Büchern, ein andermal werden sie von Familienmitgliedern spontan ausgedacht. Und nach dem Gebet fassen wir uns an den Händen und wünschen uns guten Appetit. Durch Gebet und Bilden des Kreises fließt eine total magische Power ein. Und das Essen schmeckt mit Gebet einfach besser.

## ABENDRITUAL

Die Zeit des Sonnenuntergangs ist eine gute Gelegenheit, noch einmal über den vergangenen Tag nachzudenken, zu meditieren und zu danken. Dies kannst du mit Niederwerfungen und Gebeten tun.

> Schöpfer des Himmels
> und Schöpfer der Erde.
> Du hast mich heute reich beschenkt
> mit irdischen Gütern, Wissen und Erkenntnis.
> Ich danke Dir für Deine wunderbaren Schöpfungen.
> Ich danke Dir für jeden Menschen,
> dem ich begegnen durfte.
> Ich danke Dir,
> dass Du mich leitest und mir den Weg weist,
> der nicht in die Irre führt,
> sondern zu meinem wahren Selbst, um für immer in Frieden und
> Vollkommenheit mit Dir vereint zu sein.
> Amen.
>
> **Yan d'Albert**

## NACHTRITUAL

Die nächtliche Meditation an einem Kraftort, z. B. an einem Lagerfeuer, übt eine große Faszination aus. Am tiefsten bewegt mich persönlich bei meinen nächtlichen Meditationen und Ritualen der Sternenhimmel, allen voran die Gestirne Mond, Mars und Venus.

Begib dich auf einen Berg, einen Turm oder eine Dachterrasse. Meditiere über Mond und Sterne, indem du sie aufmerksam betrachtest. Wenn du bewusst Kontakt zu ihnen aufnimmst, wirst du Eigenart und Qualität eines jeden einzelnen Sternes erspüren. Und sie werden zu dir, zu deiner Seele, sprechen. Hier ein wunderschöner, zum Nachtritual passender Text von meinem Lieblingsdichter *Christian Morgenstern*:

> O Nacht, du Sternenbronnen,
> ich bade Leib und Geist
> in deinen tausend Sonnen –
> O Nacht, die mich umfleußt
> mit Offenbarungswonnen
> ergib mir, was du weißt.
> O Nacht, du tiefer Bronnen ...
>
> **Christian Morgenstern**

### ENDE EINES RITUALS

Beende ein Ritual immer mit einem (Segens-)Gebet oder einem abschließenden Spruch, so z. B. mit

*„Amen" oder*
*„So sei es" oder*
*„So geschehe es"*

# ORAKEL

# FÜR HEXENFESTE UND MAGISCHE MEETINGS

Ein Orakel ist eine Weissagung oder eine Offenbarung, die durch ein Zeichen oder einen Spruch Aufschluss über Vergangenheit, Gegenwart oder Zukunft des Befragenden oder anderer Personen geben soll. Nachfolgend findest du einige Orakel-Arten und Beispiele zur praktischen Anwendung. Bereite dich vor der Befragung des Orakels **mental** darauf vor (ENTSPANNUNG – ATEM – KONZENTRATION).

## ASCHENORAKEL

Du benötigst:

- Asche
- einen großen Teller
- einen Stift oder Stab

Verteile die Asche gleichmäßig auf dem Teller. Schreibe deine Frage in deutlichen, voneinander getrennten Buchstaben in die Asche. Stelle den Teller bei Vollmond über Nacht an ein leicht geöffnetes Fenster. Die Schrift wird sich verändern und du kannst am nächsten Tag aus der Asche die Antwort auf deine Frage erkennen.

## BAUMORAKEL

Auch aus Bäumen wird seit langer Zeit geweissagt. Jeder Baum hat seine ganz eigene Bedeutung und Funktion. Aus den Formen der Äste und Zweige kannst du auch die Formen von **Runen** erkennen und lesen. Suche aus den heruntergefallenen Zweigen und Ästen spontan ein Stück heraus. Finde heraus, welche Runenform es hat (siehe DAS BUCH DER MAGIE).

## BECHERORAKEL

Du benötigst:

- Pflanzenöl
- eine Glasschüssel
- Wasser

Gieße etwas Öl in eine Glasschüssel mit klarem Wasser. Konzentriere dich auf die Formen, die das Öl auf dem Wasser bildet. Daraus kannst du zukünftige Ereignisse lesen.

## BUCH-ORAKEL

Nimm ein heiliges Buch zur Hand, z. B. die Bibel oder eine Sammlung mit Sinnsprüchen (Aphorismen). Schließe die Augen, sprich ein Gebet oder einen Zauberspruch und schlage spontan mit der linken Hand eine Seite auf. Zeige schnell mit dem Finger auf eine Stelle im Buch. Nun öffne die Augen und lies vor. Betrachte diese Textstelle als wegweisenden Orakelspruch für deine nahe oder ferne Zukunft.

## ERDE-ORAKEL

Du benötigst:

- einen flachen, weißen Teller
- einen Filzstift
- ein Blatt weißes Papier
- eine feste Unterlage

**TEIL I:** Begib dich an einen Ort, wo du reine, kräftige Erde vorfindest. Nimm eine Hand voll davon und halte sie eine Weile zwischen deinen Handflächen, damit sie deine persönliche Energie aufnehmen kann. Dann wirf sie mit einer sanften Bewegung auf den Teller. Welche Formen hat die Erde angenommen? Kannst du Figuren, Tiere oder Pflanzen darin erkennen? Nun kannst du die entstandenen Formen deuten.

**TEIL II:** Im zweiten Teil dieser Übung stellst du eine Frage. Dann gehst du intuitiv und bei geschlossenen Augen mit dem Filzstift über das weiße Blatt Papier und lässt dich führen. Deute diese Zeichnung; sie wird dir Antwort auf deine Frage geben.

## „I-GING"

### DAS CHINESISCHE „I-GING" DER LIEBE, FREUNDSCHAFT UND PARTNERSCHAFT

Entwickelt aus dem traditionellen, über 5000 Jahre alten I-Ging-Weisheitsbuch.

Das **I-Ging** stammt aus China und ist möglicherweise das älteste Buch auf unserem Planeten. Der berühmte chinesische Philosoph und Meister *Konfuzius* (ca. 551–479 v. Chr.) hat dieses Orakel lobend erwähnt. Auch der Psychologe *Carl Gustav Jung* und der Dichter *Hermann Hesse* haben sich damit beschäftigt. Das I-Ging ist ein faszinierendes und beliebtes Wahrsagesystem. Es zeigt dir deine gegenwärtige Situation und den richtigen Kurs für dein zukünftiges Handeln. Das nachfolgende I-Ging mit seinen 64 Deutungen habe ich, vom Urtext inspiriert, speziell für euch, zum Themenbereich Liebe, Freundschaft und Partnerschaft entwickelt.

Ein **Trigramm** besteht aus 3 Linien (durchgehend oder unterbrochen) und verkörpert ein Urprinzip mit Symbolen und Eigenschaften.

Die acht Trigramme nach Kaiser Fu Hi (3. Jh. v. Chr.)

**Die 8 Trigramme des I-Ging:**

1. **KJEN** (**Der Himmel**, der Vater, das Schöpferische, die Kraft). Dunkelrot. SÜDEN. +
2. **KUN** (**Die Erde**, die Mutter, das Empfängliche, das Materielle). Schwarz. NORDEN. –
3. **DSCHEN** (**Der Donner**, der 1. und älteste Sohn, das Erregende, das Bewegende). Orange. NORDOSTEN. +
4. **KAN** (**Das Wasser**, der 2., mittlere Sohn, das Fließende, das Bedrohliche, die Probleme). Rot. WESTEN. +

**5. GEN (Der Berg**, der 3. und jüngste Sohn, das Beharrende, das Ruhige, das Stille). Morgenrot. NORDWESTEN. +

**6. SUN (Der Wind, das Holz**, die 1. und älteste Tochter, das Sanfte, das Flexible). Weiß. SÜDWESTEN. –

**7. LI (Das Feuer**, die 2., mittlere Tochter, das Verbindende, die Schönheit, die Klarheit). Golden. OSTEN. -

**8. TUI (Der See**, die 3. und jüngste Tochter, das Heitere, das Vergnügen, die Freude). Grün. SÜDOSTEN. –

Wenn man die Trigramme paarweise miteinander verbindet, d. h. übereinander anordnet, ergeben sich 64 Kombinationen daraus, die HEXAGRAMME oder auch KUA genannt werden.

Beispiel: Hexagramm Nr. 13, **TUNG JEN** (Himmel über Feuer)

6. Linie: ___

5. Linie: ___    HIMMEL

4. Linie: ___

             über

3. Linie: ___

2. Linie: _ _    FEUER

1. Linie: ___

Du benötigst:

- drei **absolut gleiche** Münzen (spezielle I-Ging-Münzen oder Euro-Münzen)
- evtl. einen Würfelbecher (du kannst aber auch mit der Hand würfeln)
- einen Tisch
- ein weißes Tuch als Unterlage
- Räucherwerk (Räucherstäbchen oder Weihrauch etc.)
- Notizblock und Stift

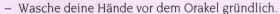

- Wasche deine Hände vor dem Orakel gründlich.
- Räuchere den Raum leicht.
- Stelle sicher, dass keine Haustürklingel, kein Telefon und kein Handy dich stören kann.
- In der Mitte steht ein Tisch, auf dem die notwendigen Gegenstände für das I-Ging liegen.
- In der chinesischen Tradition wirft man sich dreimal nieder (dies bleibt aber dir überlassen).
- Stelle dabei eine ganz konkrete und für dich wirklich wichtige Frage.
- Setze dich dann an den Tisch mit dem Gesicht nach Süden.

Nimm die drei gleichen Münzen in die linke Hand, schließe sie zur Faust, und (falls du die Niederwerfung und Fragestellung nicht praktizierst) konzentriere dich mit geschlossenen Augen auf eine ganz konkret gestellte Frage. Sie könnte z. B. lauten: „Was kann ich tun, um mich mit meinem Freund besser zu verstehen?"

**Kopf** = Eichenpflänzchen, **Zahl** = 5. Wenn du andere Münzen dafür nimmst, entscheide für dich, welches Symbol auf der Münze **YIN** (männlich) und welches **YANG** (weiblich) darstellen soll.

Nun würfle mit der (intuitiven) linken Hand die drei Münzen **sechsmal** hintereinander, und notiere nach jedem Wurf das Ergebnis, indem du von unten nach oben die jeweiligen unterbrochenen oder durchgezogenen Linien zeichnest:

**3**-mal **Kopf** bzw. **3**-mal **YIN**-Symbol =     _ _

**2**-mal **Zahl** + **1**-mal **Kopf** bzw. **2**-mal **YANG** + **1**-mal **YIN**-Symbol =     _ _

**3**-mal **Zahl** bzw. 3mal **YANG**-Symbol =     ___

**2**-mal **Kopf** + **1**-mal **Zahl** bzw. **2**-mal **YIN** + **1**-mal **YANG**-Symbol =     ___

## DIE 64 HEXAGRAMME:

**1. KJEN** (Himmel über Himmel): **Das Schöpferische.**
Jetzt ist die richtige Zeit für neue schöpferische Kraft
und erfolgreiche Taten. Absicht und Weg von dir sind
o.k. Nur noch die richtige Zündung, und die Post
geht ab ... Lass nicht nach in deinen Bemühungen!
Konzentriere dich auf das Wesentliche, aber verfalle
nicht in Euphorie.

**2. KUN** (Erde über Erde): **Das Empfangende.** Du
musst nicht kämpfen um Zuneigung oder Liebe.
Vieles regelt sich von alleine. Freundschaften bieten
sich an. Stelle nur deine Antennen auf Empfangs-
bereitschaft. Behandle deine Mitmenschen mit mehr
Feingefühl. Magische Arbeit an dir selbst ist jetzt
besonders wichtig!

**3. DSCHUN** (Wasser über Donner): **Die Anfangs-
schwierigkeiten.** Verwirrung macht dir den Anfang
schwer. Nütze Hindernisse als Gelegenheiten zum
Handeln. Herrscht in deinen persönlichen Beziehungen Chaos, so kannst du im Moment nichts bewir-
ken. Wenn sich jetzt alles knubbelt, heißt es: Nichts
überstürzen, sondern Ruhe bewahren!

**4. MONG** (Berg über Wasser): **Die Blindheit, die
Unerfahrenheit.** Eine wacklige Situation. Du hast
mal wieder Sch ..... gebaut. Nur Pech gehabt? Oder
bist du blind vor Liebe? Dann solltest du jetzt
unbedingt mit einer vertrauten Person darüber
reden. Sie wird dir Rat geben; lass dir auch etwas
sagen von ihr. Traue dich ruhig, jemanden um etwas
zu bitten. Hilfe kommt!

**5. SÜ** (Wasser über Himmel): **Das überlegte Warten.**
Übe dich in Geduld! Du kannst im Moment eh nicht
eingreifen. Droht Gefahr, warte erst einmal ab. Lebe
ganz im Hier und Jetzt, sei positiv und zuversichtlich.
Manchmal waltet allein das Schicksal. Wolken ziehen
am Himmel, Regen fällt bald ...

**6. SUNG** (Himmel über Wasser): **Der Streit.** Zwist
kündigt sich an. Vorsicht, treib es nicht zu bunt,
sonst könnte sich ein Riesenunglück daraus entwickeln. Verzehr dich nicht im Feuer des Zwiespalts.
Cool down! Mische dich nicht in die Meinungs-
verschiedenheiten anderer ein. Suche bei Streitigkei-
ten einen unparteiischen Schlichter.

7. **SCHI** (Erde über Wasser): **Das Heer.** Kämpfen ist angesagt. Wenn du clever bist und deine Energien bündelst, führt es auch zum Erfolg. Aber achte dabei stets auf das Wohlergehen deiner Freunde. Sei ihnen gegenüber großzügig und tolerant. Behalte dein eigentliches Ziel im Auge.

8. **BI** (Wasser über Erde): **Das Zusammenhalten.** Dieses Zeichen bedeutet: Vereinigung und Zusammenhalt. Unterstützt euch gegenseitig in euren Vorhaben, und zwar zum richtigen Zeitpunkt. Wählt eine Person mit Entschlusskraft und Verantwortungsbewusstsein aus eurer Mitte.

9. **SIAU TSCHU** (Wind über Himmel): **Die Zähmung kleiner Kräfte.** Das Kleine verhindert das Große. Alles, was du jetzt zu erreichen versuchst, wird durch irgendeine unbekannte Kraft blockiert. Gerade Kleinigkeiten spielen jetzt eine besondere Rolle. Sei behutsam im Kontakt mit anderen. Versuch's mal mit mehr Charme!

10. **LÜ** (Himmel über See): **Das Auftreten.** Mit deinem Auftreten kannst du hohe Ziele erreichen, dich aber auch in Gefahr begeben. Das hängt davon ab, ob du dich an die Spielregeln hältst. Achte besonders jetzt auf die Bedürfnisse deines Partners und deiner Freunde. Dann wirst du auch schwierige Situationen meistern.

11. **TAI** (Erde über Himmel): **Der Friede.** Das Ideal der Magier und Hexen: Himmel und Erde vereinen sich. Jetzt wächst und gedeiht es wie im Frühling. Negatives weicht. Neue Ideen und Freundschaften entstehen. Wenn du tolerant und klug handelst, können aus positiven und negativen Energien harmonische Verbindungen entstehen.

12. **PI** (Himmel über Erde): **Der Zerfall, der Stillstand.** Dies ist eine Phase der Stockung. Schwierigkeiten in deinen Beziehungen kündigen sich an. Möglicherweise nimmt jemand, der schwächer ist als du, nun deinen Platz ein. Ärgere dich nicht darüber. Zieh dich lieber zurück und geh in dich.

**13. TUNG JEN** (Himmel über Feuer): **Die Gemeinschaft.** So lautet auch die Parole. Gemeinsam das Unglück abwenden. Schließe dich zu diesem Zweck Gleichgesinnten mit ähnlichen Interessen und Zielen an. Stehen deine Absichten und Ziele mit dem Wohlergehen deiner Freunde in Einklang?

**14. DA YU** (Feuer über Himmel): **Der Besitz.** Du hast Glück! Ein lange gehegter Wunsch geht in Erfüllung. Jetzt gewinnst du die Herzen deiner Freunde und stehst im Mittelpunkt. Doch werde nicht eitel und hochmütig. Bleibe in allen Dingen freundlich und bescheiden.

**15. KJEN** (Erde über Berg): **Die Bescheidenheit.** Jetzt ist Mäßigung angesagt (Fasten, Meditationsübungen usw.). Bringe Gleichgewicht in deine Beziehung. Verliere nie dein Ziel aus den Augen und vertraue den magisch wirkenden Kräften des Kosmos.

**16. YÜ** (Donner über Erde): **Die Begeisterung.** Höre auf deine innere Stimme und arbeite mit Übungen an deiner Persönlichkeit. Im Einklang mit dir selbst kannst du auch deine Freunde begeistern. Neue Ideen und Projekte können jetzt verwirklicht werden. Prüfe aber, für *welche* Sache du eintrittst.

**17. SUI** (See über Donner): **Die Nachfolge.** Beobachte, wie im Herbst die ganze Natur sich nach der Jahreszeit richtet. Passe dich jetzt ebenfalls an. Orientiere dich an vorbildhaften Menschen. Nur wer gut dienen kann, der kann auch gut herrschen. Darin liegt die wahre Macht.

**18. GU** (Berg über Wind): **Die Wiederherstellung.** Du hast Fehler gemacht. Wie konnte es dazu kommen? Suche die Schuld nicht immer bei anderen. Lerne aus deinen Fehlern. Nimm dir nach alter chinesischer Tradition während drei Tagen Zeit zum Nachdenken und Meditieren. Dann kommt die Antwort für die Lösung.

**19. LIN** (Erde über See): **Die Annäherung.** Du machst Forschritte in deinen Beziehungen. Aber übe keinen Druck auf deine Freunde aus. Nun ist genau der richtige Zeitpunkt zur Entfaltung eurer Liebe. Mit Toleranz und Feinfühligkeit schaffst du die Basis für eine dauerhafte Beziehung. Eine gute Gelegenheit für Liebeszauber.

**20. GUAN** (Wind über Erde): **Die Betrachtung.**
Sammle dich, kehre in dich und lies aus deinem Inneren. Teile deinem Lover deine Erfahrungen mit. Er wird jetzt ein offenes Ohr für dich haben. Lernt voneinander. Dann wird sich eure Beziehung in ungeahnte Bereiche ausweiten.

**21. SCHI HO** (Feuer über Donner): **Das Durchhalten.**
Eine Zeit der Hindernisse und Veränderungen. Du musst dich jetzt mit Power „durchbeißen". Denn von alleine wird sich die Sache nicht lösen. Möglicherweise gibt es da Menschen oder Situationen, die dich bei deinem Vorhaben behindern wollen. Gehe entschieden und unbeirrbar einen neuen Weg.

**22. BI** (Berg über Feuer): **Die Anmut.** Du bist entflammt von Anmut und Schönheit. Zauberhafte Stunden der Liebe bieten sich dir. Dies kann deine Gefühlswelt ziemlich aufwühlen. Gib Acht, oft ist es mehr Schein als Sein. Lass dich nicht blenden von äußerem Schmuck und Verzierung.

**23. PO** (Berg über Erde): **Die Zersplitterung.** Keine Angst, alles in Ordnung mit deinem Po. Es kann jetzt aber zu einem Crash in deiner Beziehung kommen. Bleib ganz cool. Steh deinem Partner notfalls mit moralischer Unterstützung bei. Lass besser die Zeit für dich arbeiten und füge dich dem Schicksal.

**24. FU** (Erde über Donner): **Die Rückkehr.** Von der Dunkelheit ins Licht. Vertraute Energien kehren zurück, alte Freunde tauchen auf. Ein neuer Zyklus beginnt. Mit einer Gruppe Gleichgesinnter kannst du auf ein gemeinsames Ziel hinarbeiten. In sieben Tagen oder sieben Monaten wird das, was du nun befragst, eintreffen.

**25. WU WANG** (Himmel über Donner): **Das Unerwartete.** Mache dich auf Überraschungen gefasst. Sie können dir neue, wertvolle Ideen bringen. Hör jetzt auf deine innere Stimme und vertraue deiner höheren Intuition. Sei spontan und betrete auch mal ungewöhnliche Pfade, um dein Ziel zu erreichen.

**26. DA TSCHU** (Berg über Himmel): **Die angesammelte Kraft.** Beachte das Kräftespiel von YIN und YANG. Fördere deine nutzbringenden Beziehungen. Du hast jetzt die Chance, deine geballte Kraft dauerhaft einzusetzen. Doch möglicherweise musst du große Verantwortung übernehmen. Bist du dieser Sache gewachsen?

27. **YI** (Berg über Donner): **Die Ernährung, der Unterhalt.** Achte auf deine Ernährung und die deines Lovers. Kontrolliere ebenso die Worte, die du deinen Freunden gegenüber äußerst. Geben sie ihnen Anregung oder Ermutigung? Pflegst du die richtigen Freundschaften?

28. **DA GO** (See über Wind): **Das große Unmaß.** Achtung vor Überforderung! Möglicherweise kommt es zur Krise in deiner Partnerschaft. Es kann einiges auf dich einstürmen, dem du nicht gewachsen bist. Daher bereite dich gut darauf vor und stärke deine Persönlichkeit!

29. **KAN** (Wasser über Wasser): **Das Abgründige, die Gefahr.** Mit Vertrauen und Aufrichtigkeit kannst du manche Gefahren meistern oder sogar umgehen. Bleib cool und sprich in Gefahr ein Panik-Mantra (siehe S. 48). Diese Erfahrung kann für dich und deine weitere Entwicklung sehr wertvoll sein.

30. **LI** (Feuer über Feuer): **Das Feuer, das Haftende.** Überprüfe die Beziehung zu deinem Partner. Wenn sie harmonisch verläuft, wirkt sich das positiv auf deine sonstigen Erfolge aus. Aber erkenne deine natürlichen Abhängigkeiten. Du bist nicht allein auf der Welt. Jetzt musst du eine wichtige Entscheidung treffen.

31. **HJEN** (See über Berg): **Die Anziehung.** Diese Zeit ist von einer großen Anziehungskraft auf einen Menschen geprägt. Wenn du dich deinem Partner gegenüber aufrichtig und edel verhältst, bringt es euch beiden Glück. Bist du aber unaufrichtig und oberflächlich, bleibt es bei einer bloßen Verführung.

32. **HONG** (Donner über Wind): **Die Dauer.** Ohne Veränderung ist nichts Dauerhaftes möglich. Du solltest dich in deiner Zweierbeziehung nicht von Familie und Freundeskreis abkapseln. Behalte deine Ziele immer fest im Auge. Bewährte magische Rituale bringen gerade jetzt Inspiration und Freude in dein Leben.

**33. DUN** (Himmel über Berg): **Der Rückzug.** Gibt es Probleme in deiner Liebesbeziehung, so sind sie sicherlich nur vorübergehender Natur. Jetzt ist es klug, sich beizeiten zurückzuziehen, aber ohne Schwäche zu zeigen. Schöpfe neue Kraft und Festigung daraus. Vergeude keine Zeit mit Konfrontationen. Vor allem: Bleibe deinen Grundsätzen treu.

**34. DA DSCHUANG** (Donner über Himmel): **Die Macht, die Kraft.** Man schenkt dir Vertrauen und sucht deine Führung. Dein Einfluss auf deine Freunde ist stark. Du kannst anderen vieles geben. Handle energisch, du bekommst jetzt die Macht dazu verliehen. Aber verwechsle Kraft nicht mit Gewalt!

**35. DSIN** (Feuer über Erde): **Der Fortschritt.** Überprüfe deine Liebesbeziehung. Eine ideale Gelegenheit auch, um familiäre Kontakte zu stärken. Du wirst von deinen Freunden und Verwandten geschätzt. Achte aber auf ihre Bedürfnisse. Werde nicht hochmütig, und teile deinen Erfolg auch mit anderen.

**36. MING YI** (Erde über Feuer): **Die Verfinsterung.** Lass dich jetzt bloß nicht runterziehen. Gerade an finsteren Tagen hast du Gelegenheit, in deinem Inneren ein Licht zu erwecken und seine Kraft zu entdecken. Aber auch das Dunkel selbst kann dich lehren. Keine günstige Zeit, um Partnerkonflikte auszutragen.

**37. GIA JEN** (Wind über Feuer): **Die Familie.** Vertraue auf den Rückhalt durch deine Familie. Sie ist die kleinste Zelle und das Gerüst unserer Gesellschaft. Wenn du mit deiner Familie klarkommst, schaffst du es auch draußen in der Gesellschaft. Handle in deiner Partnerschaft jetzt eher spontan.

**38. KUI** (Feuer über See): **Der Gegensatz.** Akzeptiere andere Meinungen deines Lovers oder deiner Freunde. Das macht dich um Erfahrungen reicher. Stärke deine guten Beziehungen. Handle clever und schüre keinen Streit. Es gibt immer einen Weg der Einigung.

**39. GJEN** (Wasser über Berg): **Die Hindernisse.** Hindernisse sind ein Bestandteil deines eingeschlagenen Weges. Wenn du ihnen jetzt aus dem Weg gehst, wirst du verlieren. Schließe dich mit Freunden zusammen und höre auf ihren Rat. Vertraue einem dir nahestehenden Menschen.

**40. HIE** (Donner über Wasser): **Die Befreiung.** Locker, immer locker in der Liebe! Vergiss die alten Zöpfe. Befreie dich mit deinem Partner von eurem Gefühlswirrwarr. Das gibt eurer Liebe einen neuen Auftrieb! Erotische Stunden liegen vor euch. Gelegenheit auch für ein VERGEBUNGSRITUAL (siehe S. 101).

**41. SUN** (Berg über See): **Die Minderung, die Verkleinerung.** Sei nicht gefrustet, wenn das Feuer der Liebe mal nur schwach flackert. Manchmal zieht der Verlust einer Sache einen Gewinn nach sich, und manchmal kann ein Gewinn einen Verlust bedeuten. Cool down! Prüfe dein Temperament. Du kannst nicht alles haben.

**42. YI** (Wind über Donner): **Die Mehrung, das Wachstum.** Dieses Zeichen kündigt Verbesserung und Glück für dich an. Jetzt ist die Zeit zum Handeln. Arbeite an dir selbst mit Meditationen und magischen Übungen. Nimm dir ein Beispiel an den positiven Seiten deines Lovers.

**43. GUAI** (See über Himmel): **Der Durchbruch, die Entschlossenheit.** Achte gerade jetzt auf eine kluge Entscheidung. Fürchte dich nicht, deine Meinung offen auszusprechen. Fasse in deiner Beziehung den notwendigen Entschluss, und er wird eine positive Entwicklung nach sich ziehen. Doch wiege dich nicht in Sicherheit.

**44. GOU** (Himmel über Wind): **Die Begegnung, die Versuchung.** Eine wichtige Begegnung steht dir bevor. Aber halte dich fern von unguten Ideen und Menschen. Vorsicht vor allzu schnellen Bindungen! Dieses *Kua* lädt dich ein, den ACHTSAMKEITSZAUBER (siehe S. 86) auszuführen. Nur mit Achtsamkeit kann Partnerschaft funktionieren.

45. **TSUI** (See über Erde): **Die Sammlung.** Sammle dich und entferne die schlechten Dinge. Halte die Kräfte zusammen und konzentriere dich auf das Wesentliche. Dies gilt vor allem auch für dein Mitwirken im Hexenzirkel oder einer anderen Gruppe, der du angehörst. Baue deine Liebesbeziehung aus.

46. **SCHONG** (Erde über Wind): **Der Aufstieg.** Dieses Orakel bringt dir Fortschritt. Nimm dir das Wachsen eines Baumes als Vorbild und meditiere darüber. Da ist jemand, der dich bei deinen Vorhaben fachkundig unterstützen kann. Nutze die Kontakte zu einflussreichen Menschen.

47. **KUN** (See über Wasser): **Die Bedrängnis.** Du stößt auf Widerstände. Deine Beziehung kann darunter leiden. Vermeide pessimistische Gedanken und lass dich nicht entmutigen. Halte dich jetzt an das magische Schlüsselwort SCHWEIGEN, dann überwindest du die Angelegenheit schnell.

48. **DSING** (Wasser über Wind): **Der Brunnen.** Nimm dir den Brunnen als Meditationsbild. Was kann er dich lehren? Vermeide Oberflächliches und gehe den Dingen auf den Grund. Entdecke deine inneren Werte und Fähigkeiten. Gehe auf die Gefühle deiner Freunde ein und stehe ihnen beratend zur Seite.

49. **GO** (See über Feuer): **Die Wandlung, die Umwälzung.** Etwas Neues will sich entwickeln, und zwar zum Guten hin. Dies setzt eine Erneuerung deiner persönlichen Beziehungen voraus. Dafür brauchst du viel Ausdauer und Vorausschau. Vertraue deinen Fähigkeiten, an der Veränderung mitzuwirken. Wenn dir das gelingt, ist dir der Erfolg sicher.

50. **DING** (Feuer über Wind): **Der Kessel, die kosmische Ordnung.** Triff den Nerv deiner Freunde (aber positiv!), und du kannst bei ihnen etwas bewegen. Deine Ziele und Wünsche finden fruchtbaren Boden. Im Einklang mit deinem eigenen Willen und dem des Kosmos, mit Ruhe und Geradlinigkeit, wirst du Erfolg haben.

**51. DSCHEN** (Donner über Donner): **Der Donner, die Erschütterung.** Etwas wird erschüttert in deinem Leben. Aber lass dir keine Angst einjagen. Prüfe dich, vielleicht musst du umdenken und ganz neu anfangen. Betrachte diese Erschütterung als Impuls für eine Erneuerung und handle danach.

**52. GEN** (Berg über Berg): **Der Berg, das Stillehalten.** Richte deinen Blick nach innen. Dies ist eine gute Zeit für Sammlung und Meditation. Meditiere über die Frage, die du gestellt hast. Überdenke deine Probleme aus einer anderen Sichtweise und kehre wieder auf den richtigen Weg zurück. Deine Beziehung wird von dieser Ruhe profitieren.

**53. DSJEN** (Holz über Berg): **Die Entwicklung.** „Ein Brot backt nicht schneller, als es an Backzeit braucht." Handle vor allem in Sachen Liebe nicht überstürzt. Die Sache will geplant sein und muss erst wachsen und reifen. Nur keinen Druck ausüben! Schraube deine Wünsche und Leidenschaften besser etwas zurück.

**54. GUI ME** (Donner über See): **Heiratende Frau.** Du solltest Probleme auf sanfte Art lösen und deinem Partner nichts aufzwingen. Bleibe eher zurückhaltend und schmiede weiter an deinen Zukunftsplänen. Für ein Mädchen oder eine Frau bedeutet dieses Zeichen auch: feste Bindung oder Heirat.

**55. FONG** (Donner über Feuer): **Der Zenit, die Fülle.** Du bist auf dem Weg zum Gipfel. Doch pass auf! Wer hoch steigt, kann auch tief fallen. Vermeide Unmäßigkeit und Unvernunft. Sei in der Liebe spontan und offen. Entwerfe mit deinem Partner eine Checkliste mit allen Plus- und Minuspunkten eurer Beziehung.

**56. LÜ** (Feuer über Berg): **Der Wanderer, das Reisen.** Keine gute Zeit für Partnerschaftspläne oder längerfristige Beziehungen. Denn eine Reise, innerlich als spirituelle Reise oder äußerlich als Ortsveränderung, kündigt sich an. Bescheidenheit, Lernfähigkeit und Festigkeit gehören zu deinen Wegbegleitern.

**57. SUN** (Wind über Wind): **Das Sanfte, der Wind.** Was strebst du wirklich an? Bist du dir darüber im Klaren? Step by step, mit Beharrlichkeit und Vorsicht erreichst du jetzt mehr als mit Hau-Ruck-Methoden. Die Schlüssel in deiner Liebesbeziehung heißen: Sanftheit und Geduld.

**58. TUI** (See über See): **Die Ermutigung, die Freude, die See.** Ich muss dich enttäuschen, du hast keine Flugreise nach China gewonnen. Dafür werden dir jetzt Freunde hilfsbereit zur Seite stehen. Nutze diese Phase für Gespräche und freundlichen Umgang. Aber Vorsicht vor zu großer Euphorie und Verführung!

**59. HUAN** (Wind über Wasser): **Die Auflösung.** Sei nicht egoistisch und isoliere dich nicht. Schließe dich mit Freunden zusammen, um an einem gemeinsamen Ziel zu arbeiten. Nimm dir auch Zeit für deine Familie, das ist im Augenblick besonders wichtig. Finde zu deinen Wurzeln zurück.

**60. DSIE** (Wasser über See): **Die Beschränkung.** Nein, du bist nicht beschränkt. Doch solltest du gerade jetzt mit den Dingen haushalten. Übertreib's aber auch nicht. Wenn du's nicht alleine schaffst, sprich mit deinem Lover oder deinen Freunden darüber. Sei zurückhaltend mit Versprechungen und neuen Plänen.

**61. DSCHUNG FU** (Wind über See): **Die Einsicht, die Wahrhaftigkeit.** Das Schlüsselwort heißt: Einsicht. Damit kommst du jetzt am weitesten. Auch wenn's schwerfällt, akzeptiere einfach die Spielregeln und vertraue deinem inneren Selbst. Der Zeitpunkt ist günstig, um eine Freundschaft aufzubauen.

**62. SIAU GO** (Donner über Berg): **Das kleine Übermaß, die Gewissenhaftigkeit.** Mach jetzt keine Experimente! Gehe den Weg der Demut und Bescheidenheit. Es ist ratsam, deine Gefühle nicht zur Schau zu stellen, sondern sie für dich zu behalten. In der Liebe lasse einfach dein Herz sprechen.

**63. GI DSI** (Wasser über Feuer): **Nach der Vollendung.**
Gönne dir nach dem Erreichen deines Ziels die verdiente Ruhepause. Aber verharre nicht im Stillstand, denn das könnte dich wieder zurückwerfen. Übe dich in Weitsicht und Vorausplanung, dann kommt es erst gar nicht zu schwerwiegenden Partnerproblemen.

**64. WE DSI** (Feuer über Wasser): **Vor der Vollendung.**
Das Ziel ist zum Greifen nah, der Erfolg stellt sich bald ein. Aber noch hast du den Gipfel nicht erreicht. Gehe jetzt geschickt und behutsam vor. Überstürze nichts, sonst könnte es noch zu einer Katastrophe kommen. Nach deinem erreichten Ziel beginnt eine neue Phase!

## KAFFEESATZ LESEN

Die Zukunftsdeutung aus dem Kaffeesatz ist etwa seit dem 16. Jahrhundert verbreitet. Sie kam vermutlich aus dem Orient über die Türkei zu uns nach Europa.

Du benötigst:

- Kaffeepulver
- eine Tasse
- einen glatten, weißen Teller

*Deutsche Ausgabe:* © 1982 AG MÜLLER/ URANIA VERLAGS AG *Neuhausen/Schweiz*
*Amer. Original-Ausgabe:* © 1971 U.S. GAMES SYSTEMS, INC:, CT 06902

Brühe Kaffee ungefiltert in einer Tasse auf. Tropfe den Kaffeesatz gut ab und stürze ihn dann auf den Teller. Dabei entstehen Zeichen und Formen, die du deuten kannst. Denke dir eine Linie in der Mitte des Tellers (man nennt diese die „Ebene der Gerechtigkeit"). Alles, was über der Linie liegt, hat weniger, alles darunter größere Bedeutung. Lies aus den Formen in der Reihenfolge von links nach rechts und von oben nach unten.

## FEUER-ORAKEL

Es gibt vielerlei Arten, aus dem Feuer zu lesen, z. B. aus der Flamme: Eine lebhafte, gleichmäßige Flamme bedeutet Glück. Eine schwelende, unruhige Flamme kündigt schwere Zeiten an. Aus verbrannten Dingen im Feuer: Wähle einen Gegenstand, den du verbrennen willst, wirf ihn ins Feuer und stelle eine Frage. Je nachdem, wie sich der Gegenstand im Feuer formt, ob er knistert oder knackt, ob er sich wellt oder schrumpft etc., kannst du die Antwort zu deiner Frage erhalten.

## TEEBLÄTTER-ORAKEL

Du benötigst:

- chinesischen oder indischen Tee
- eine helle Teetasse.

Brühe chinesischen oder indischen Tee ohne Sieb in eine helle Tasse. Trinke den Tee bis auf einen kleinen Rest aus. Schwenke dann die Teeblätter dreimal im Kreis, kippe die Tasse über eine Untertasse auf den Kopf, und klopfe dreimal darauf. Aus den Formen der in der Tasse verbleibenden Teeblätter kannst du nun lesen. Die Blätter, die näher am Tassenrand sind, beziehen sich auf die bevorstehende, die weiter unten liegenden auf die entferntere Zukunft.

Hier einige traditionelle Deutungen des Teeblätter-Orakels:

| | |
|---|---|
| **Auge** | Pass auf dich auf! |
| **Berg** | Ein Hindernis stellt sich dir in den Weg. |
| **Blumen** | Jemand liebt und schätzt dich. |
| **Dreieck** | Glück winkt! |
| **Fahne** | Gefahr droht! |
| **Fisch** | Neuigkeiten aus fernen Ländern. |
| **Gesicht** | Ein neuer Freund. |
| **Hand** | Hilfe durch liebe Menschen. |

| | |
|---|---|
| **Haus** | Sicherheit. |
| **Kreis** | Liebe, Liebe, Liebe. |
| **Mann** | Unerwarteter Besuch. |
| **Mond** | Ein Liebesabenteuer! |
| **Quadrat** | Schutz wird dir gewährt. |
| **Ring** | Eine Hochzeit kündigt sich an. |
| **Schlüssel** | Ein Geheimnis enthüllt sich dir. |
| **Sonne** | Andauerndes Glück. |
| **Spinne** | Ein zu erwartender Geldsegen. |
| **Stern** | Erfolg steht bevor. |
| **Vogel** | Du erhältst eine wichtige Nachricht. |

## TEIG-GLÜCKSORAKEL

Dieses Orakel hat seine Wurzeln in Griechenland. Aber noch heute werden bei uns „chinesische Glückskekse" hergestellt.

Du benötigst:

- Mehlteig
- kleine Papierstreifen
- einen Stift

Stelle einen mehligen Teig her. Schreibe Glückssprüche auf kleine Papierstreifen und rolle sie in den Teig ein. Nach dem Mischen darf jeder der Beteiligten ein Röllchen auswählen.

## TINTENKLECKS-ORAKEL

Du benötigst:

- ein Stück Papier
- einen Stift
- Tinte (in einer anderen Farbe als der Stift)

Schreibe deinen Namen und deine Frage auf ein Stück Papier. Kleckse dann andersfarbige Tinte auf das Geschriebene. Nun falte das Papier in der Mitte zusammen. Sprich einen Zauberspruch und falte es wieder auseinander. Aus den entstandenen Klecksen ergibt sich nun die Deutung. In der Mitte des Papiers kannst du die Antwort auf deine Frage lesen. Über der Mitte zeigen sich positive Dinge, die sich in naher Zukunft erfüllen werden, darunter stehende Zeichen sind negativ und vom Zeitpunkt her ungewiss. Mit etwas Fantasie wird es dir gelingen, dein Orakel zu deuten.

MAGIC YAN d'Albert

Frage: Wo wird der Drehort meines ersten Filmes sein?

(...was mag das für ein mysteriöses Bauwerk sein...)

# LIEBESRITUALE

## LOVE, LOVE, LOVE ... JA, ALLES, WAS DU BRAUCHST, IST LIEBE!

DENN LIEBE IST MAGIE IN HÖCHSTER VOLLENDUNG. Liebe ist uns allen angeboren. Und in irgendeiner Weise bezieht sich alles im Leben auf sie. Und wenn dich erst mal Amors Pfeil getroffen hat ...

## KLEINE TIPPS FÜR DIE GROSSE LIEBE:

Ein Pülverchen hier, ein Mittelchen dort, und der Zauber ist perfekt: ABRACADABRA, und schon steht dein Traumprinz oder deine Traumprinzessin vor dir ... Nein, so funktioniert das in den seltensten Fällen. Manchmal braucht es auch richtig Arbeit und zwar magische Arbeit. Da kommst du schon mal mächtig ins Schwitzen, bis du ein Herz erobert hast. Hier einige nützliche Tipps, von den ersten Signalen bis zum erlösenden „ICH LIEBE DICH!"

**SIGNALE, SIGNALE!** Du bist verliebt und weißt nicht so recht, wie du deine Liebe rüberbringen sollst. Du bist so liebestrunken, dass du glaubst, deine Flamme müsste das doch auch merken. Wie aber soll sie deine Gefühle erwidern, wenn sie das nicht schnallt? Also sende ganz deutliche Signale aus! Da reichen manchmal nur „Augenblicke", so wie in meiner folgenden Story:

> **SPIEGEL-MAGIE:** Ich saß in einem spanischen Café am Hafen von Ibiza City. Sie hieß Lilly und arbeitete dort als Bedienung. Sie war einfach bezaubernd. Ihren Gang hab ich heute noch vor Augen. Da nahm ich intensiven Blickkontakt mit ihr auf, und zwar nur über einen großen Wandspiegel, der im Café hing. Allein dadurch konnte ich ihr Herz erobern. Ich muss gestehen, dass dies mein erster großer Liebeszauber war. Nein, nicht einstudiert, sondern rein aus der Intuition heraus. Probier's doch mal aus ...! Auch das ist Spiegelmagie.

**„ZUM LIEBESNEST"**. Wähle einen originellen Liebestreff aus (Es gibt oft Kneipen mit lustigen Namen, wie „Zum Liebesnest" oder „Hexenkessel" usw. ...). Geh schon vorher dorthin, lasse für euer Meeting einen Tisch reservieren und mach dabei einen stillen Zauber. Die geeignetste Zeit für eine Liebesromanze ist natürlich der Abend ...

**„LIEBE GEHT DURCH DEN MAGEN"**. Da ist was dran. Lade deinen Lover in ein ausgefallenes Restaurant oder zu dir nach Hause ein. Kochst du gerne? Voraussetzung ist natürlich, dass du auch kochen **kannst**. Ein misslungenes Essen ist sicherlich kein Weltuntergang, aber deswegen eine Liebe aufs Spiel setzen? Lass dich von einem Profikoch beraten (deine Mutter, dein Vater, deine Geschwister, ein guter Bekannter ...).

**LIEBESKINO.** Das Kino ist immer noch ein absolut romantischer Ort der Liebe. Da bietet sich die erste Gelegenheit, um nach der Hand deines Schwarms zu greifen, ihn zu umarmen, ihn zum ersten Mal zu küssen. Kino ist einfach megaromantisch.

**DU, SEI DU!** Versuche auf keinen Fall, dich krampfhaft anders zu geben, als du bist, oder etwas vorzutäuschen. Das könnte schon sehr bald – frühestens beim zweiten Treffen – in die Hose gehen. Deine Flamme könnte sich denken: Die oder der war doch beim letzten Mal ganz anders, sie/er ist ja plötzlich ein ganz anderer Mensch ...

**AGENT NULL NULL LIEBE.** Um deine große Liebe zu erobern, brauchst du schon mal einen Informanten bzw. Agenten. Das kann die Schwester, der Bruder, die Freundin oder sonst wer sein. Auf jeden Fall sollte es jemand sein, mit dem du gut kannst, der sich gut ausquetschen lässt und jede Menge Infos liefern kann. Notfalls musst du ihn halt irgendwie „bestechen", um Infos rauszukriegen. Aber das gehört zu deinen liebesmagischen Techniken und ist ganz o.k.

**„KLEINE GESCHENKE ERHALTEN DIE FREUNDSCHAFT".** Finde mittels Agenten heraus, was dein Schwarm gerne mag. Die schönsten Nelken nützen nichts, wenn er Nelken absolut nicht riechen kann. Oder finde zum Beispiel seine Lieblingsmusik/Lieblingshits heraus.

Bastle eine **ZAUBERSCHACHTEL** mit Überraschung (aus einer leeren Streichholzschachtel oder einem anderen Behälter). Beklebe, beschrifte oder bemale sie mit schönen (magischen) Symbolen in bunten Farben. Schreibe z. B. drauf: „Hier steckt all meine Liebe drin" oder „Vorsicht, Liebeszauberbox!" Für den Inhalt kannst du dir was Originelles einfallen lassen, z. B. kleine süße Liebessprüche auf Zettelchen geschrieben, winzige Leckereien (Liebesperlen) usw.

**DICHTER, MALER, MUSIKER, AUFGEPASST!** Du kannst Liebesgedichte verfassen, ein Bild malen oder ein Lied komponieren? Super! Dann aber nichts wie an ein selbst verfasstes Kunstwerk für deinen Lover.

### Zueignung

Du hast in mir den edeln Trieb erregt,
Tief ins Gemüth der weiten Welt zu schauen;
Mit deiner Hand ergriff mich ein Vertrauen.

Das sicher mich durch alle Stürme trägt.
Mit Ahndungen hast du das Kind gepflegt,
Und zogst mit ihm durch fabelhafte Auen;
Hast, als das Urbild zartgesinnter Frauen,
Des Jünglings Herz zum höchsten Schwung bewegt.

Was fesselt mich an irdische Beschwerden?
Ist nicht mein Herz und Leben ewig Dein?
Und schirmt mich Deine Liebe nicht auf Erden?

Ich darf für Dich der edlen Kunst mich weihn;
Denn Du, Geliebte, willst die Muse werden,
Und stiller Schutzgeist meiner Dichtung seyn.

**Novalis** (Dichter des magischen Idealismus)

Schicke deinem Schwarm mal eine schöne, originelle **e-card.**

Hier ein paar Web-Adressen, wo du e-cards findest:

www.grusskarte.de
www.karthago.de/postcard
www.cards4u.de
www.kartenhaus.com

**DIE DREI KLEINEN (GROSSEN) WORTE** ... Und jetzt geht's ans Eingemachte: Nimm all deinen Mut zusammen und geh zu deinem Lover. Schau ihm tiiiiiiieeeeeeefffffff in die Augen. Und dann sag ganz einfach zu ihm: ICH LIEBE DICH. Das reicht!

# KERZENRITUALE

Nimm für einen Kerzenzauber möglichst geweihte Kerzen. Falls noch nicht geschehen, salbe die Kerze leicht mit Salböl (z. B. Altaröl) ein. Dabei bewegst du deine Hand zuerst von der Mitte nach unten, dann von der Mitte nach oben.

Mit dem Anzünden einer Kerze schaffst du eine ganz besondere Atmosphäre. Du sendest Licht an deine Umgebung, an deinen Lover und deine Freunde. Kerzen stimmen dich ein auf das Subjekt deines Rituals: auf Gott oder bestimmte Gottheiten, auf das Göttliche oder wie immer du es nennen magst.

**KLEINES KERZENRITUAL**

(Dauer: ca. 5 Minuten)

Du benötigst:

- eine kleine, eingeölte Kerze
- einen Zauberspruch, eine Anrufung oder ein Gebet

Wähle die Farbe der Kerze deines Rituals ganz bewusst. Sammle dich und konzentriere dich auf sie. Atme tief, langsam und bewusst ein und aus. Sprich während des Entzündens der Kerze einen Zauberspruch, eine kurze Anrufung oder ein kleines Gebet. Zur gleichen Zeit schicke einem lieben Menschen schon den ersten Lichtstrahl der Liebe. Wenn er für deine **vibrations** empfangsbereit ist, dann wird er es spüren. Dieser Vorgang ist schon ein einfacher kleiner Kerzenzauber, den du dir zur Gewohnheit machen solltest, sobald du eine Kerze entzündest. Übrigens war dies schon Brauch bei Magiern und Priestern des Altertums.

# GROSSES KERZENRITUAL
(Dauer: ca. 30 Minuten)

Du benötigst:

- einen Bleistift
- ein Blatt Papier
- eine mittlere Kerze (mit zum Ritual passender Farbe)
- einen spitzen Gegenstand zum Einritzen in die Kerze
- eventuell bunte Wachsplättchen zum Verzieren.

Ritze mit deinem Bolline, einer heiß gemachten Nadel, einem Taschenmesser oder einem anderen geeigneten Gegenstand den Namen der betreffenden Person oder ein Symbol der Liebe ein: ein oder zwei Herzen, eine Liebes-Sigille, eure Initialen (= Anfangsbuchstaben eurer Vornamen), die entsprechenden Runen dazu oder astrologische Zeichen. Du kannst die Symbole wie auf den Zeichnungen graphisch miteinander verbinden. Damit werden sie zu magischen Bindezeichen oder, bei Runen, zu so genannten **Binderunen**. Diese Zeichen könnt ihr zu euren dauerhaften magischen Liebessiegeln machen. In Shops für Bastelbedarf oder in Kaufhäusern gibt es auch bunte Plättchen aus Wachs zum Verzieren der Kerzen.

Stell dir nun mit geschlossenen Augen die von dir geliebte Person vor. Sprich deinen Wunsch nun sechsmal wie ein Mantra aus. Beende das Ritual mit einem Segensspruch oder mit einem kurzen Gebet.

Kerzenfarben, den Sternzeichen zugeordnet:

| | |
|---|---|
| **Widder** | rot |
| **Zwilling** | gelb |
| **Löwe** | orange |
| **Waage** | blau |
| **Schütze** | dunkelrot |
| **Wassermann** | hellblau, türkis |
| **Stier** | grün |
| **Krebs** | blau, mittel- bis hellblau |
| **Jungfrau** | braun |
| **Skorpion** | grau |
| **Steinbock** | schwarz |
| **Fische** | grün |

**LIEBESBAD**

Es weckt dein Liebesverlangen und macht dich schön. Stelle eine Mischung aus folgenden Ölen her:
Als Basisöl: 50 ml Mandelöl
1 Tropfen reines Jasminöl
(oder 10 Tropfen Jasminöl als Fertigpräparat. Reines ätherisches Jasminöl ist sehr teuer, aber es lohnt sich)
5 Tropfen Orangenöl
2 Tropfen Sandelholzöl
1 Tropfen Ylang-Ylang-Öl

Zünde eine weiße, rote oder rosa Kerze an. Sprich einen Zauberspruch und nimm alleine oder mit deinem Lover ein Bad. Du kannst dieses Öl auch für Massagen verwenden oder deine Duftlampe damit füllen. Ich wünsche dir sinnliche, erotische Stunden ...!

# DAS ACHTSAMKEITSRITUAL

**EIN RITUAL ZUR STÄRKUNG EURER PARTNERSCHAFT. „ACHTSAMKEIT" IST DER SCHLÜSSEL ZUR LIEBE.**

Nimm dir für dieses Ritual richtig Zeit und beschäftige dich auch in den darauf folgenden Tagen immer wieder mit diesem Thema. Gerade für deine magische Schulung kannst du vieles von religiösen Systemen lernen, ohne dich gleich besonderen Glaubenssätzen oder Regeln verpflichten zu müssen. In der Ausbildung der tibetisch-buddhistischen Schüler und Schülerinnen, Novizen genannt, spielt das Thema **Achtsamkeit** eine große Rolle. Es heißt, dass *Gautama Buddha*, der Stifter der Religion des Buddhismus, die höhere Magie der übersinnlichen Kräfte in vollkommener Weise beherrschte.

Vor einigen Jahren hatte ich die Gelegenheit, einen Vortrag mit Meditation über „Achtsamkeit in der Liebe" mit dem bekannten buddhistischen Lehrer *Thich Nath Hanh* zu erleben (seine Schüler nennen ihn *Thay*). Die Worte dieses einfachen, aber großen Lehrers berührten mich sehr tief und sind bis heute in meinem Herzen geblieben. Davon inspiriert, habe ich nachfolgende Übungen entwickelt, die auch dir einiges vom Zauber dieses Vortrages und der Meditation rüberbringen mögen.

*Thay* sprach immer wieder davon, dass man sich auf dem spirituellen Weg bemühen sollte, Dinge mit seinem ganzen Wesen und voller **Achtsamkeit** zu tun. Tiefes Hinschauen, sagt er, ist das Herz der buddhistischen Meditation. Das braucht eine gewisse Übung. Aber schon nach einigen Tagen wirst du erste positive Wirkungen erfahren.

> **EINE KLEINE VORÜBUNG:**
>
> Achte ab sofort darauf, bei allen Gelegenheiten im täglichen Leben voll gegenwärtig und bewusst zu sein:
> - beim Öffnen einer Tür,
> - beim Schließen einer Tür,
> - beim Gehen auf einer Straße,
> - beim Einsteigen in den Bus oder in das Auto,
> - beim Betreten eines Hauses,
> - beim Essen und Trinken,
> - beim Gebet und beim Feiern von Ritualen,
> - beim Duschen oder Baden,
> - beim Aufwachen oder Einschlafen.
>
> Achte auf jede deiner Bewegungen, auf deine fünf Sinne, auf das, was sich innerhalb und außerhalb von dir abspielt. Ich weiß, das ist gar nicht so easy. Sollte es nicht gleich funktionieren, so übe erst einmal ca. eine halbe Stunde ganz bewusst.

Diese Übung schärft deine Sinne, deine Wahrnehmung und fördert deine magischen Fähigkeiten. Bei all diesen Gelegenheiten kommst du ganz nah mit den Dingen in Berührung, mit der Natur, mit dem Körper des Kosmos ...

Normalerweise wollen wir alles immer hopphopp erledigt haben. Gerade in unserer heutigen schnelllebigen Zeit hetzen wir von einem Ort zum anderen, haben keine Zeit mehr und **achten** nicht mehr aufeinander. Wir „vergegnen" uns sozusagen.

**Dieses Achtsamkeitsritual kann deinem Leben und eurer Liebe eine entscheidende Wende geben.** Indem du dein Bewusstsein schulst, schaffst du eine unerlässliche Basis für deine Entwicklung als Hexe oder Magier.

Mach es dir zur Gewohnheit, alles aufmerksamer als sonst zu betrachten. Tue alles mit wachem Geist, mit Begeisterung und **Achtsamkeit**. Also immer wieder: **Achtsamkeit**. Übe vor allem achtsames Atmen und achtsames Gehen. Unser Thema ist die Liebe, und daher schenke deine ganze Konzentration dem Partner, den du ganz besonders liebst.

*Thay* erzählte eine Geschichte von einem Jungen, der sich etwas ganz Besonderes von seinem Vater wünschte. Der Vater war ein sehr reicher Geschäftsmann und in der Lage, alles zu kaufen, was sein Sohn sich wünschte. Doch das Einzige, was der Sohn sich wünschte, konnte ihm sein Vater **nicht** kaufen: Es war das **Da-Sein**, die alleinige Gegenwart seines Vaters, die er sich wünschte. Doch dieser Wunsch schien dem Jungen unerfüllbar. Er traute sich noch nicht einmal, seinen Vater danach zu fragen, weil er wusste, dass dieser viel zu beschäftigt war ...

**Doch wie kannst du lieben, wenn du nicht da bist? Und wie kannst du magisch wirken, wenn du die Kunst der Liebe nicht beherrschst? Denn Liebe ist ja Magie in ihrer höchsten Vollendung.**

Du benötigst:

- Zeit
- einen Gong oder eine Glocke

Nimm dir wirklich Zeit. Schüttle alle Sorgen und Nöte ab. Vergiss, was du vorhattest, deine Pläne, deinen Terminkalender, vergiss einfach alles.

**Schlage einen Gong oder läute eine Glocke.**

Sammle dich, schließe die Augen, atme bewusst und mache eine Meditation der Achtsamkeit.

Sobald du bereit bist, wirklich ganz **da zu sein**, gehe persönlich zu deinem Lover. Schenk ihm ein Lächeln, schau ihm in die Augen, und sage das

### 1. MANTRA

„Liebling, ich bin jetzt hier und total für dich da."

Wenn du dieses Mantra aussprichst, solltest du äußerst konzentriert sein. 100 Prozent deines Körpers, deines Geistes, deiner Seele, deiner Absicht und deiner Sprache sollten in vollständiger Einheit sein. Wenn du es schaffst, dieses Mantra in einem solchen Zustand auszusprechen, dann kannst du die ganze Atmosphäre verzaubern. Wahre Liebe bedeutet nämlich, ganz für den Menschen da zu sein. Wenn du den Menschen, den du liebst, mit diesem **Da-Sein** betrachtest, wird er aufblühen wie eine Blume. Das ist es, was jeden Menschen so glücklich macht.

Da du jetzt **da bist**, kannst du auch die Gegenwart deines Lovers wahrnehmen. Bereite dich wiederum mit achtsamem Atmen und achtsamem Gehen vor. Schenk ihm ein Lächeln, schau ihm in die Augen und sprich das

## 2. MANTRA

> „Liebling, ich weiß, dass du da bist, und das macht mich so glücklich!"

Und wieder wird dein Partner aufblühen wie eine Blume. Geliebt zu werden bedeutet, als **existent** wahrgenommen zu werden. Dieses bewusste Wahrnehmen erfüllt dich mit Lebendigkeit und Glück. Nütze, wie gesagt, jeden Augenblick des alltäglichen Lebens, um diese Achtsamkeit zu üben und dadurch die Atmosphäre des Alltags zu verbessern.

### Leidet dein Lover?

Wenn du wirklich bei deinem Lover bist, wenn du für ihn **da bist**, wirst du auch bemerken, wenn er leidet. Du **musst** lernen, es zu bemerken, wenn dein Lover leidet. Sobald du dies bemerkst, gehe zu ihm. Schenk ihm ein Lächeln, schau ihm in die Augen und sprich das

## 3. MANTRA

> „Liebling, ich weiß, dass du leidest, und deswegen bin ich für dich da!"

Schon bevor du irgendetwas tust, ist lediglich dein **Da-Sein** eine ganz große Hilfe. Wenn du **da bist** für deinen Lover, mit voller **Achtsamkeit** und **Konzentration**, wirst du schon sehr bald den Grund für sein Leiden erkennen. Vielleicht wird das Leiden deines Lovers ja von dir verursacht durch die Art und Weise, wie du mit ihm umgehst. Wenn du leidest, und du weißt, dass dein Partner die Ursache dafür ist, neigst du oft dazu, es ihm gegenüber nicht einzugestehen. Du sagst: „Nein, ich leide doch gar nicht. **Ich** doch nicht!"

Und du sperrst dich in dein Zimmer ein und leidest alleine vor dich hin. Nun bist du in deinem Stolz gefangen. Doch in der wahren Liebe darf es keinen Platz für Stolz geben, denn dann liebst du nicht. Wenn du nicht **deinen liebsten Menschen aufsuchst**, um dich ihm anzuvertrauen, wen dann? Also: Weg mit dem Stolz! Vielleicht ist das Ganze ja nur ein Missverständnis oder eine falsche Wahrnehmung.

Das **4. MANTRA** ist das schwierigste. Wenn du wirklich leidest, und du bist dir sicher, dass die Ursache dafür dein Partner ist, dann geh zu ihm. Schenk ihm ein Lächeln, schau ihm tief in die Augen und sprich:

> „Liebling, ich leide so sehr, bitte hilf mir!"

Das Ritual der Achtsamkeit mit den vier aufgeführten Mantras kann **jeder** üben, zu jeder Zeit, ob groß oder klein, jung oder alt. Schon nach wenigen Tagen wirst du erste Fortschritte bemerken. Du wirst die kostbare Gegenwart des anderen besser wahrnehmen. Die Praxis der **Achtsamkeit** ist nicht nur für Mönche oder Nonnen reserviert. Mit der Energie der Achtsamkeit kannst du die ganze Tiefe des Lebens erfahren, **tiefes Verstehen** (auf Sanskrit: maha prajnâ) und **große Liebe** (auf Sanskrit: maha mâitri).

# DER VERFÜHRUNGSZAUBER

Diesen Zauber solltest du anwenden, wenn du jemanden einlädst, den du begehrst oder liebst und ihm deine ganze Hingabe und Liebe zeigen möchtest. Mit einem Satz: Du willst ihn total verzaubern. Der ganze Raum, die Luft, die Wände, alle Gegenstände sollen nach deiner Liebe zu ihm/ ihr schreien.

Du benötigst:

- Blumen, Kerzen, Servietten in den Farben rot und rosa
- originelle Süßigkeiten und Gebäck
- Rosenöl
- einen Liebesring oder ein Liebesamulett
- Liebesräucherwerk wie Sandelholz, Rose oder Schafgarbe

### LIEBESDRINK AUS ROSENÖL

Bereite einen Tag vor dem Besuch deines Lovers einen verführerischen Trunk! Mische einen Tropfen ätherisches Rosenöl mit vier Litern Wasser. Und nun schüttle das Gemisch gut. Dann sprich auf die Flüssigkeit das Mantra zur Gewinnung eines Lovers (siehe S. 50/51). Flüssigkeiten sind gute Informationsträger. Durch das Besprechen gelangt die Schwingung direkt ins Getränk. Halte den Liebesring über den Liebesdrink und sprich sechsmal darüber:

> Du sollst meine Liebe spüren,
> werde dich ganz sanft verführen.

Lege deinen Liebesring hinein und lasse ihn über Nacht drinnen liegen. Übrigens, von dieser Mischung kannst du stets einen Tropfen für weitere Rosenwasser herstellen. Ein äußerst ergiebiges und gerade im Sommer sehr köstliches und erfrischendes Getränk!

Dekoriere den Tisch so hübsch wie möglich. Räuchere den Raum kurz vor Erscheinen deines Schwarms ein wenig aus. Serviere deinem Besuch die originellen Leckereien und diesen Liebesdrink aus Rosenöl. Jetzt ist dein Zauber perfekt. Und vergiss nicht, den Ring vorher rauszunehmen ...

> Die ganze Majestät der Natur ist in den Edelsteinen auf kleinstem Raum versammelt, und ein einziger genügt, um darin das Meisterwerk der Schöpfung zu erkennen.
>
> **Plinius**

# DAS EDELSTEIN-TREUE-MANDALA

**WIE DU MIT EDELSTEINEN DEIN GANZ PERSÖNLICHES MANDALA LEGEN UND DEINE LIEBESBEZIEHUNG DADURCH VERTIEFEN KANNST.**

Stelle insgesamt 6 Edelsteine zusammen, die du aus den euren Sternzeichen zugeordneten Steinen wählst. Sie verkörpern Eigenschaften von dir und deinem Partner. Bilde daraus ein Herz. In die Mitte legst du ein Bild von dir und deinem Lover. Zünde eine rote Kerze an, räuchere mit Sandelholz, Basilikum oder Zimt und sprich sechsmal:

> Weder Erde, noch Wasser, nicht Feuer, noch Luft können die Herzen trennen, die einmal eins geworden sind.

# REINIGUNG UND PFLEGE DER EDELSTEINE

Wenn du Edelsteine kaufst oder geschenkt bekommst, haben sie meist eine lange Reise hinter sich. Sie wanderten von Ort zu Ort und gingen durch viele Hände. Dabei nahmen sie sowohl positive als auch negative Energien auf. Deshalb tut es Not, die Steine zu reinigen, und da gibt es verschiedene Methoden:

### 1. DIE WASSER-REINIGUNG

Sie ist die verbreitetste Methode. Ideal wäre natürlich die Reinigung in einem fließenden Gewässer wie Bach, Fluss oder Meer. Tue das, wann immer du dazu Gelegenheit hast. Du kannst die Edelsteine ebenso etwa 30 Sekunden unter einen fließenden Wasserhahn halten (abgelaufenes Wasser aus Umweltgründen besser in einer Schüssel auffangen und als Spül- oder Putzwasser verwenden). Eine andere Möglichkeit besteht darin, die Edelsteine ca. eine Stunde in ein gereinigtes Gefäß mit frischem Wasser zu legen.

## 2. DIE LICHT-REINIGUNG
(Für Hexen und Magier, die in Konzentration und Meditation schon etwas geübter sind.)
In manchen Situationen ist es nicht möglich, an Wasser zu kommen, um die Steine zu reinigen. Trotzdem ist eine Reinigung möglich, und zwar mit Hilfe der Visualisation. Setze dich an einen ruhigen, ungestörten Ort. Nimm deinen Kristall und lege ihn auf deine Handinnenfläche. Nun stell dir vor, dass dein Stein von reinem, weißem Licht durchflutet wird. Drehe und wende den Stein, und lass das Licht die negativen Energien in ihm von allen Seiten in positive umwandeln.

## 3. REINIGUNG DURCH GEBET, MANTRA ODER ZAUBERSPRUCH
Bitte in einem Gebet, einem Mantra oder Zauberspruch darum, dass die negativen Energien in positive umgewandelt werden mögen.

Um einen Hämatit (Blutstein) zu reinigen, solltest du ihn in Salz legen. Das kannst du aber nicht mit allen Steinen machen. Folgende Steine auf keinen Fall in Salz legen, da es sie angreift: Opal, Rosenquarz, Amethyst, Citrin, Kunzit.

**Reinige deine Steine niemals mit scharfen Putzmitteln!**

### AUFLADEN DER STEINE
Lade deine Edelsteine bei Sonne in der Vormittagszeit (nach Sonnenaufgang) und in der Nachmittagszeit (bis Sonnenuntergang) auf. Die starke Mittagssonne hat eine eher *entladende* Wirkung auf die Edelsteine. Lasse Edelsteine, die eine Brechung des Lichts verursachen können (wie z. B. der Bergkristall) nicht in der prallen Sonne liegen. Es könnten sich sonst, wie bei einem Brennglas, Gegenstände in der Umgebung entzünden. Bewahre deine Steine an einem sicheren Ort auf, am besten in einem ausgepolsterten Kästchen.

## TIERKREISZEICHEN UND IHRE EDELSTEINE

Den Tierkreiszeichen sind folgende Edelsteine zugeordnet:

### Widder (21.03. – 20.04.)
Granat, roter Jaspis, roter Karneol, roter Turmalin, Rubin, Hämatit, Feueropal, Amethyst, Diamant.

### Stier (21.04. – 21.05.)
Achat, Aventurin, Moosachat, Rosenquarz, Rhodonit, Rhodochrosit, Citrin, braunrote Koralle, Malachit, Chrysokoll.

### Zwillinge (22.05. – 21.06)
Aquamarin, Bergkristall, Bernstein, Goldtopas, Citrin, blau-weißer Chalcedon, gelber Karneol, Tigerauge.

### Krebs (22.06. – 22.07.)
Mondstein, Olivin, Aventurin, Smaragd, Jaspis, Koralle, Jade, Karneol, Opal.

### Löwe (23.07. – 23.08.)
Bernstein, Tigerauge, Bergkristall, Diamant, Goldtopas, Granat, Citrin, Rubin.

### Jungfrau (24.08. – 23.09.)
Jaspis, Tigerauge, Lapislazuli, Karneol, Sodalith, Citrin, Bernstein, Amethyst, blauer Saphir.

### Waage (24.09. – 23.10.)
Aquamarin, Jade, rote und rosa Koralle, blauer und rosa Turmalin, Kunzit, Chrysokoll, Rosenquarz, Sternsaphir.

### Skorpion (24.10. – 22.11.)
Amethyst, Hämatit, Blutjaspis, Granat, Achat, Obsidian, Sarder, Malachit, schwarzer Opal, Rubin.

### Schütze (23.11. – 21.12.)
Blauer Topas, dunkelblauer Saphir, Lapislazuli, Apatit, Aventurin, Chalzedon, Sodalith, blauer Zirkon, Obsidian.

### Steinbock (22.12. – 20.01.)
Bergkristall, Malachit, Onyx, Rauchquarz, grüner und schwarzer Turmalin, Jaspis, Mondstein, Diamant, Obsidian.

### Wassermann (21.01. – 19.02.)
Aquamarin, Amazonit, blauer Topas, Türkis, hellblauer Saphir, Chrysokoll, Falkenauge, hellblauer Fluorit.

### Fische (20.02. – 20.03.)
Koralle, Aquamarin, Türkis, Mondstein, Jade, violetter Fluorit, Amethyst, Perle, Opal, Kunzit.

# DER FEENSTEIN-ZAUBER

Der Feenstein ist ein handgeschliffener Edelstein aus einer ganz bestimmten Edelsteinart. Er ist am häufigsten als **Rosenquarz, Tigerauge, Orangencalcit, Bergkristall, Amethyst, Fluorit, Grünquarz, Schneeflocken-Obsidian** oder **Chalzedon** erhältlich. Der Feenstein wurde nach genauen Beschreibungen alter Märchen und Legenden in sechseckiger Form gefertigt. Seit dem Mittelalter ist er für seine Fähigkeit bekannt, Wünsche wahr werden zu lassen.

Um die Kraft deines Feensteins zu entfalten, musst du ihn erst reinigen. Lege ihn am Abend auf das Fensterbrett in deinem Schlafzimmer, sodass Mond- und Sternenlicht ihn anstrahlen können. Stell dir beim Einschlafen vor, dass sich dein sehnlichster Liebes- oder sonstiger Wunsch bereits erfüllt hat, und spüre die große Freude darüber. Staune über die kleinen und großen Wunder, die nunmehr in deinem Leben geschehen werden!

## DAS LIEBESKUMMER-RITUAL

Es ist aus und vorbei mit deinem Lover. Endgültig. Was nun? Bevor du in Panik verfällst oder etwas Unüberlegtes unternimmst, solltest du einfach mal das Liebeskummer-Ritual ausprobieren. Und du wirst erkennen: **Liebeskummer kann sich sogar lohnen**, bringt dich weiter, so merkwürdig das klingen mag. Sieh's mal von einer anderen Seite!

Frage dich ganz ehrlich, wie sich das Ganze soweit entwickeln konnte. Du bist garantiert nicht nur ein Opfer der ganzen Sache.

Jetzt brauchst du einfach eine Zeit der Trauer. Gönne dir ein paar Tage der Trauer und lass deinen Gefühlen freien Lauf. Lass dich aber vom eigenen Selbstmitleid nicht runterziehen. Vergiss deinen Lover, aber übe jetzt keinen bösen Zauber gegen ihn aus. Hast du noch Fotos von ihm? Dann zerreiße sie nicht, verbrenne sie ja nicht (das könnte übel auf dich zurückkommen). Schicke sie ihm am besten zurück oder, wenn du das nicht übers Herz bringst, vergrab sie irgendwo an einem abgelegenen Ort. Lass deinen Lover jetzt endgültig los. Das Leben geht auch ohne ihn weiter.

Das heilsamste Rezept gegen Liebeskummer ist: SELBSTLIEBE. Lass es dir jetzt richtig gut gehen, verwöhne dich. Nach einigen Tagen der Zurückgezogenheit mische dich wieder unter die Menschen und sprich mit einer Freundin oder einem Freund nüchtern und mit Abstand darüber. Von dort wird auch Trost kommen.

Dann setze dich an deinen Altar, entzünde eine Kerze, räuchere mit Lorbeer oder Wacholder und sprich:

*Ich überwinde meine Trauer, meine Wut, meine Schmerzen, mein Selbstmitleid mit jedem Tag mehr und mehr.*

Wiederhole dieses Ritual so oft hintereinander, bis du es nicht mehr brauchst.

# FREUNDSCHAFTS-RITUALE

„Das Einer von den Leuthen geliebt werde."

Siegel aus der ältesten bekannten Zauberrolle (Oberösterreich, 1594)

# TELEPATHIE – HAST DU DEN 6TEN SINN?

## EIN MAGISCHES SPIEL DER TELEPATHIE

Wie kann es sein, dass deine Freundin manchmal haarscharf das Gleiche denkt wie du? Wie kommt es, dass deine Mutter oder dein Vater genau weiß, wenn du flunkerst?

Neben den Phänomenen **Hellsehen** und **Vorausschau** zählt die **Telepathie** zu den so genannten **ASW**, das sind die AUSSER-SINNLICHEN WAHRNEHMUNGEN.

Unter Telepathie versteht man die Verständigung zwischen zwei Menschen oder auch zwischen Menschen und anderen Lebewesen, ohne dass diese miteinander sprechen oder sich auf andere Art verständigen. Die Telepathie wird auch mit dem Gedankenlesen gleichgesetzt, was nicht so ganz richtig ist, weil es sich dabei nicht nur um die Übertragung von Gedanken handelt, sondern auch gefühlsmäßige, seelische Dinge eine Rolle spielen.

Für die Wissenschaft, die das Phänomen Telepathie lange Zeit ignoriert hat und ihr heute noch zweifelnd gegenübersteht, ist dies ein ernst zu nehmendes Thema geworden. So hat der englische Biologe *Rupert Sheldrake* mit mehreren Schulklassen Experimente durchgeführt. Bei einem dieser Experimente ging es um das Gefühl, von hinten angeblickt zu werden. Es ist verblüffend, dass dabei fast alle Schüler es spürten, wenn ihre Mitschüler hinter ihnen standen und sie anstarrten.

Ein anderer Wissenschaftler, der Chemiker *Marcel Vogel*, verband ein Philodendron (= eine Zierkletterpflanze) mit einem Apparat, der elektrischen Strom misst und Kurven aufzeichnet. Während er dieser Pflanze gegenübersaß und seine Gedanken ganz gezielt steuerte, mal an etwas Schönes, mal an etwas Schlechtes, mal so gut wie gar nichts dachte, zeichnete dieser Apparat die Schwingungen auf, die die Pflanze durch die Gedanken des Chemikers empfing. Jedes Mal, wenn er z. B. sehr liebevoll an die Pflanze dachte, zeichnete die Feder des Apparates auf die Papierrolle besonders aufsteigende Kurven.

Diese Beispiele zeigen, dass wir durch mehr als nur unsere fünf bekannten Sinne (Sehen, Hören, Riechen, Tasten, Schmecken) verbunden sind. Es gibt vermutlich noch viele unentdeckte „Sinnes-Felder", durch die wir uns magisch verständigen können.

Verabrede einen bestimmten Zeitpunkt – Tag und genaue Uhrzeit –
mit einem Freund oder einer Freundin, jeder an seinem Wohnort.
Vereinbart, wer von euch der „Sender" und wer der „Empfänger" der
telepathischen Botschaften ist. Beim nächsten Mal könnt ihr ja
tauschen. Als sehr wirkungsvoll hat es sich erwiesen, wenn ihr
Steine oder Edelsteine, die ihr lange bei euch getragen habt, miteinander austauscht und sie als „Tele-Kommunikationsmittel" einsetzt.
Ihr wisst ja, dass Edelsteine Informationen aufnehmen, speichern
und senden können! Besonders geeignet hierfür sind folgende
Edelsteine:

**Granat, Rubin, Bergkristall, Fluorit, Azurit, Amethyst, Lapislazuli.**

### MAGISCHE ÜBUNG:
*(Dauer: ca. 10 Minuten)*

*Setze dich ruhig und entspannt an einen Platz, wo du ungestört bist und
nichts (auch kein Handy!) dich aus deiner magischen Übung reißen
kann. Zünde eine weiße Kerze an. Betrachte eine Weile den Edelstein in
deiner Hand und sprich dann:* **„Stein der Telepathie, bitte hilf
................. (Name deines Tele-Partners) und mir, uns jetzt zu
verständigen. Möge durch dieses Tun Gutes und Hilfreiches
zwischen uns beiden bewirkt werden!"** *Dann schließe die Augen.
Atme tief und langsam ein und aus und spüre die Kraft, die beim
Atmen in dich strömt. Freue dich, dass du einen lieben „Tele-Partner"
hast und er gerade jetzt auch an dich denkt. Wenn du „Empfänger" bist,
mach dich leer und somit auch empfangsbereit und aufnahmefähig für
die Botschaften deines „Tele-Partners". Heiße seine Gedanken und
Gefühle willkommen! Wenn du „Sender" bist, schicke deinem Freund
Licht, Liebe und gute Gedanken. Zum Schluss danke deinem „Tele-
Partner" und dem Edelstein.*

*Den Beitrag „Hast du den 6ten Sinn?" schrieb ich für das magische
Mädchenmagazin* **w.i.t.c.h.** *(Ausgabe 07/2002).*

# DAS ARABISCHE VERGEBUNGSRITUAL

## VERGEBUNG IST EIN MAGISCHER SCHLÜSSEL ZUM GLÜCK

Hand aufs Herz: Vergeben fällt uns allen schwer. Das folgende Ritual hilft dir, dir selbst und anderen vergeben zu lernen. Solange du einem Menschen nicht vergeben kannst, setzt du Blockaden und lässt sie in dir bestehen und wachsen. Es ist, als würdest du lauter Knoten in deinem Körper bilden, deine Energie kann nicht mehr ungehindert fließen. Viele Krankheiten haben ihre Ursache gerade in diesen Störungen: Mangel an Vergebungsfähigkeit, Unnachgiebigkeit, Rachsucht usw. Doch es gibt Möglichkeiten, diese Blockaden aufzulösen. Nämlich indem wir vergeben, immer wieder vergeben, Gebete sprechen, meditieren und singen. **Vergebung** ist ein magischer Schlüssel zum Glück.

Schließe die Augen, entspanne dich und atme ruhig und gleichmäßig. Stelle dir einen Menschen vor, mit dem du momentan im Clinch liegst. Vielleicht kannst du ihn ganz und gar nicht „riechen", oder du siehst ihn als einen Feind. Stelle ihn dir bildlich wie in einem Film vor, wie er vor deinen Augen hin und her geht, übel gelaunt, schreiend und aggressiv. Schiebe diese Gedanken nach einer Weile beiseite und finde nun positive Eigenschaften an ihm. Sage: „Dieser Mensch kann sehr zuverlässig sein" oder „Er ist im Großen und Ganzen schon o.k." Während du ihn dir körperlich vorstellst, suche etwas Positives am Körper dieses Menschen. Wenn du ihn bisher immer als hässlich empfunden hast, vielleicht hast du nie bemerkt, dass seine Augen eine außergewöhnlich schöne Farbe besitzen oder dass seine Hände helfend zupacken können. Entdecke, wo es eine lichte Stelle am Körper dieses Menschen gibt. Vielleicht ist es ein schwaches Leuchten, das du noch nie an ihm bemerkt hast, jetzt aber entdeckst. Lasse dieses Leuchten stärker und stärker werden, immer größer und größer. Es breitet sich allmählich über seinen ganzen Körper aus, bis er eine vollkommene Kreation des Lichts ist, ein herrliches Bild! Das ist Vergebung.

Und dann sprich sechsmal hintereinander:

**Ich vergebe dir in Gott\*, der Liebe ist.**

(In meinem Buch MAGISCH FEIERN! findest du dazu mein Lied Astarchfirullah mit Noten und vollständigem Text abgedruckt.)

(\*oder Göttin, kosmische Ur-Kraft usw.)

# DAS ÄGYPTISCHE FREUNDSCHAFTS-ERHALTUNGSRITUAL

(Zu zweit)

Dieses Ritual wird in ähnlicher Form schon seit über 500 Jahren ausgeübt und geht auf den bekannten ägyptischen Magier und Eremiten *Abramelin* zurück.

Du benötigst:

- einen zuverlässigen Wecker (um früh aus den Federn zu kommen)
- eine saubere, gläserne Schale
- ein Glas naturreinen Honig (möglichst ökologisch kontrollierten und/oder aus deiner Umgebung stammenden)

Du weißt ja inzwischen, dass die beste Zeit für magische Übungen und Rituale die Zeit vor und während des Sonnenaufgangs ist. Triff dich also vor Sonnenaufgang mit deinem Partner, mit dem du dieses Freundschaftserhaltungsritual durchführen möchtest. Sammle in der Glasschale den morgendlichen Tau von Gräsern oder Blättern auf einer Wiese oder im Wald. Dann vermische ihn mit ein oder zwei Teelöffeln Honig. Nun sprich und schreibe gleichzeitig mit deinem Zauberstab oder einem eigens dafür angefertigten Holzstab nach und nach die Buchstaben des folgenden hebräischen Spruchs (übereinander) in die Schale:

> Hine ma tow uma naim,

> schewet achim gam jachad

Nun trinkt beide davon, wenn möglich sechsmal in kleinsten Schlucken. Zum Schluss küsst euch gegenseitig.

Achte beim Sprechen auf die Betonung der Vokale. Sie sind in fetter Schrift und unterstrichen gekennzeichnet. Du kannst hierfür auch die deutsche Übersetzung nehmen, welche lautet: *„Seht, wie gut und wie wundervoll ist es, wenn Brüder in Eintracht beeinander wohnen."* Als Hexen setzt ihr natürlich entsprechend das Wort „Schwestern" dafür ein.

Dieser Zauber wird eure Freundschaft erhalten und ihr Kraft und Bestand geben.

# DAS „MEIN FREUND DER BAUM"-RITUAL

(Dauer: ca. 15 Minuten)

Wähle einen großen, älteren, kräftigen Baum. Nach Möglichkeit eine Eiche, Buche oder Linde. Diese Bäume sind mit uns und unserer Kultur ganz besonders verbunden. Stelle dich nahe an den Baum und umarme ihn. Dabei sollten deine Handflächen flach und fest auf dem Stamm ruhen. Atme ganz bewusst und tief ein und aus. Versuche, in das Bewusstsein, in die Seele des Baumes hineinzufühlen. Bitte den Baum, dir Kraft zu geben, und atme sie mit jedem Atemzug ein. Dann salbe mit Öl ein magisches Symbol auf den Baum. Bedanke dich am Ende des Rituals bei ihm mit Worten, einem Gebet oder mit Gesang.

**Bedenke:** Bevor du einmal einen Baum fällst, ihm einen Ast absägst oder einen Zweig abbrichst, entschuldige dich bei ihm. Es könnte sonst möglicherweise unheilvoll auf dich zurückkommen. Tue dies nie ohne guten Grund. Finde deinen persönlichen Baum. Sprich regelmäßig mit ihm, und er wird dir ein Freund und Berater sein.

# GRÜNDUNG EINES ZIRKELS

Das Wort „Zirkel" (von lat. circulus = Kreis) meint nicht nur ein Instrument zum Zeichnen von Kreisen (welches übrigens bei den Freimaurern als wichtiges magisches Symbol gilt), sondern auch einen Kreis befreundeter Hexen und Magier, ähnlich einem Orden oder einer Loge. Im Zirkel, auch Coven genannt, findet ihr euch zusammen, um eure magischen Rituale abzuhalten oder gemeinsam Feste zu feiern. Diese wollen gut vorbereitet und organisiert sein.

Für alle Rituale, insbesondere das Gründungs- und Einweihungsritual, ist es ratsam, es ein- bis zweimal zur Probe durchzuspielen, und das offizielle Ritual gelingt umso besser.

## VORBEREITUNGEN

(Gemeinsam)

Wählt einen ruhigen und energetisch guten Ort aus. Wenn es die Witterung zulässt, sollten eure Rituale im Freien stattfinden. Tragt dafür Sorge, dass, wenn ihr euch in einem Raum aufhaltet, dieser wenn nötig rechtzeitig beheizt und angenehm warm wird.

Verwendet keine unmäßigen und zu aufdringlichen Räucherungen. Sprecht euch vorher auf alle Fälle ab und einigt euch auf die zu verwendenden Räucherstoffe oder Öle.

**Achtung:** Räucherstoffe oder ätherische Öle können die Wirkung von homöopathischen Mitteln aufheben. Dies solltet ihr bedenken oder eure Coven-Mitglieder darauf hinweisen.

Sollte kein Altar vorhanden sein, könnt ihr auch ein Tuch auf dem Boden ausbreiten. Zum Sitzen besser Kissen besorgen. Es gibt auch spezielle Meditationskissen und -bänkchen zu kaufen. Wer es nicht gewohnt ist, längere Zeit auf dem Boden zu sitzen, sollte sich vor dem Ritual ein Höckerchen oder einen Stuhl besorgen.

Im Zentrum des Raumes oder des betreffenden Ortes wird ein Platz für den Kreis ausgewählt, der zunächst frei bleiben sollte.

Nun wird der **Altar** aufgebaut, und zwar in Richtung Norden.

Folgende Gegenstände **sollten** auf dem Altar stehen:

**Altarkerzen**, für jede Himmelsrichtung eine, wobei ihr zu den Elementen passende Farben wählen könnt:

Norden = Erde – gelb
Westen = Wasser – grün
Osten  = Luft – blau
Süden  = Feuer – rot

**Pentagramm**, auf ein Schild oder eine Scheibe gezeichnet oder direkt auf das Altartuch gemalt oder genäht etc.

**Kelch** mit Ritualgetränk (Wasser, Saft, Punsch oder Wein. Achtung: Keine alkoholischen Getränke an Teilnehmer unter 16 Jahren ausgeben! Übrigens gibt es auch alkoholfreien Wein und Sekt im Handel).

Außerdem **Athame** oder **Zauberstab** und **Glocke.**

Folgende **Elemente-Gegenstände** können auf dem Altar stehen:

**Element Erde**: Erde, Sand, Steine, Edelsteine, Salz, ein Topf mit einer Pflanze, ein Symbol, eine Zeichnung oder ein Foto, welches dieses Element verkörpert (z. B. Feld, Wald, Wiese).

**Element Wasser**: Eine Schale mit Wasser, ein Kelch (leer oder gefüllt), ein Symbol, eine Zeichnung oder ein Foto, welches dieses Element verkörpert (z. B. Regen, Wolken, Bach, Fluss, Meer).

**Element Feuer**: Eine Räucherschale mit Weihrauch, ein Räucherfass, ein Räucherkegel, Räucherstäbchen, eine Kerze, ein Symbol, eine Zeichnung oder ein Foto, welches dieses Element verkörpert (z. B. Feuer, Vulkan, Sonne).

**Element Luft**: eine Feder, ein Stab, ein Symbol, eine Zeichnung oder ein Foto, welches dieses Element verkörpert (z. B. Vogel, Wind, Himmel).

**Element Äther** (für diejenigen, die dieses Element ebenfalls mit ins Ritual einbeziehen): Räucherstoffe wie unter dem Element Feuer (in manchen Traditionen werden sie nur für das Element Äther verwendet), ein Musikabspielgerät (MC-/CD-Player), ein Symbol, eine Zeichnung oder ein Foto, welches dieses Element verkörpert (z. B. Musikzeichen oder andere magische Zeichen).

**Fotos** oder **Zeichnungen** von spirituellen Lehrern, Hexen, Magiern, Heiligen und Gottheiten.

**Lieblingsgegenstände** der Teilnehmer (Schmuck, Steine etc.)

**Geschenke** (zur Weihe)

# DER TEMPEL

Gestaltet und schmückt euren Tempel mit geliebten Gegenständen und magischen Werkzeugen, Bildern, Blumen etc. Zur Einweihung dieses „heiligen Bezirkes" - und grundsätzlich vor allen Ritualen – räuchert den Raum zuerst gründlich (bis in alle Ecken) mit Weihrauch oder einem anderen reinigenden Räucherwerk aus. Dann schreite den Raum von Osten nach Norden ab und sprich eine Anrufung. Als Alternative kannst du auch einen Kelch mit Salzwasser nehmen und von der Flüssigkeit in alle Richtungen etwas sprengen. Achte darauf, keine negativen Gedanken zuzulassen, und weise auch die am Ritual Teilnehmenden darauf hin. Ziehe gen Osten ein **bannendes** Pentagramm. Stelle dir vor, der Gegenstand oder deine Hand, mit dem du das Pentagramm zeichnest, sei eine Art „Feuer- oder Licht-Stift". Nun ziehe jeweils ein Pentagramm im Süden, Westen und Norden. Diese leuchtenden Pentagramme bilden die Schutzmauer für eure magischen Rituale im Tempel.

Ziehe deine Ritualkleidung oder deine Robe zu jedem Treffen an. Gründe den **Zirkel** (oder **Loge**) mit deinen Geschwistern am besten zur Vollmondzeit. Jeder Teilnehmer kann etwas beisteuern: Essen und Getränke, Kerzen, Räucherwerk, Blumen, Tischdecken oder andere passende Dinge.

Zu Beginn findet die **Zirkel-Wahl** statt. Um einen Zirkel bzw. eine Loge zu gründen, solltet ihr mindestens **sieben** Mitglieder sein. Alle Ämter verlangen Eignung und ein Mindestmaß an Verantwortung.

Folgende Positionen müssen besetzt werden:

**Der Sprecher / die Sprecherin**
**(bzw. Zirkelmeister / -in oder Hoherpriester / -in)**

Diese Person hat eine **exekutive** (schreckliches Wort!) Funktion, das heißt, was die Entscheidungen angeht, letztlich ausführende Aufgabe. Sie kann z.B. euer „Stammesältester" oder eure „Stammesälteste" sein, eine Hexe oder ein Magier mit reichlich Erfahrung. Jedenfalls sollte es eine fähige Führungsperson sein. Sie hat nicht die Aufgabe, den Zirkel zu beherrschen oder den alleinigen Kurs zu bestimmen. Dieses Amt kann auch ein Hoherpriester oder eine Hohepriesterin bekleiden. Er bzw. sie sollte dann mindestens eine Einweihung und eine Hexenprüfung absolviert haben. Neben den theoretischen sollte diese Person auch über praktische Kenntnisse verfügen (Magischen Kreis, Pentagramm ziehen etc.). Gleichzeitig ist es gut, wenn sie Organisationstalent und die Fähigkeit besitzt, eine Gruppe zu führen. Hoherpriester und Hohepriesterin leiten den Ablauf von Ritualen und Zeremonien.

### Sekretär / -in

Diese Person führt das Zirkel-Buch und notiert die Rituale und ihre Abläufe und die wichtigen Ereignisse. Sie ist auch zuständig für die Aufnahmeanträge und den Schriftwechsel mit Mitgliedern und anderen am Zirkel interessierten Menschen.

### Schatzmeister/-in

Ein bisschen rechnen sollte er schon können, denn schließlich muss er ja in eurem Zirkel die Kröten zusammenhalten. Er regelt alle geschäftlichen Dinge, spricht sie mit den anderen Mitgliedern ab und hütet die Kasse. Verlangt keine zu hohen Mitgliedsbeiträge. Diese sollten lediglich zur Deckung eurer Ausgaben verwendet werden.

### Wächter / -in des Ostens
### Wächter / -in des Westens
### Wächter / -in des Südens
### Wächter / -in des Nordens

Die Wächter haben ebenso verantwortliche Aufgaben, notfalls müssen sie, so sie sich dazu in der Lage fühlen, auch die anderen Amtsträger vertreten können.

**Achtung!** Solltet ihr noch keine sieben Mitglieder zusammenkriegen, könnt ihr auch zu viert anfangen und die Ämter doppelt besetzen. Also: Hoherpriester ist z. B. gleichzeitig Wächter des Ostens usw.

Die nachfolgende Seite mit Zirkel-Wahl und Gründungsritual könnt ihr für euch kopieren.

**ZIRKEL-WAHL am** .................. **in** ................

**Name des
ZIRKELS:**

..................................................................................

**Diese Liste gehört:**

..................................................................................

**1 – Sprecher /-in (bzw. Zirkelmeister / -in
oder Hoherpriester / -in):**

..................................................................................

**2 - Sekretär / -in:**

..................................................................................

**3 – Schatzmeister / -in:**

..................................................................................

**4 – Wächter / -in des Ostens:**

..................................................................................

**5 – Wächter / -in des Westens:**

..................................................................................

**6 – Wächter / -in des Südens:**

..................................................................................

**7 – Wächter / -in des Nordens:**

..................................................................................

Betrachtet die Hierarchie (= Rangordnung) des Zirkels nicht
allzu verbissen. Wenn ihr wollt, tauscht auch mal untereinander
die Pöstchen aus.

# DAS GRÜNDUNGSRITUAL

Ihr benötigt:

- ein Buch oder einen Ordner mit leeren Seiten als ZIRKEL-BUCH
- Schreibgeräte
- eine Vorlage eures Zirkel-Symbols
- Essen und Trinken, Teller, Besteck, einen Zeremonialkelch

Euer gewählter Sprecher/Zirkelmeister/Hoherpriester begrüßt die einzelnen Mitglieder. Dann werden ein Sekretär bzw. Schriftführer, ein Schatzmeister und vier Wächter (für jede Himmelsrichtung) gewählt. Anschließend versammeln sich alle zu einer kurzen Meditation um den Altar. Konzentriert euch mental auf die bevorstehenden Aufgaben. Verteilt Blätter, worauf der Ablauf der Gründung des Zirkels geschrieben steht.

**Sprecher (Zirkelmeister/Hoherpriester):**

Schwestern und Brüder der magischen Kunst! Wir haben uns heute hier versammelt, um einen Zirkel / eine Loge zu gründen, die den Namen ..............................(Lasst euch was Cooles einfallen!) tragen soll. Seid ihr alle damit einverstanden?

**Alle:**

Ja, wir sind einverstanden
(... natürlich nur, wenn alle einverstanden sind ...).

**Sprecher:**

(nimmt das Zirkel-Buch)

So wollen wir diesen Namen in das Zirkel-Buch eintragen, mit Datum, unseren magischen Namen und dem Zeichen unseres Zirkels. Seid ihr damit einverstanden?

**Alle:**

Ja, wir sind einverstanden.

(Der SPRECHER übergibt das Zirkel-Buch dem SEKRETÄR, der die Eintragungen vornimmt. Eventuell können auch die Beteiligten jeweils ihre Namen selbst eintragen).

**Sprecher** (wendet sich dem Wächter des Südens zu):

Wächter des Südens, bist du bereit, das Tor des Südens, der Mittagssonne in unserem Zirkel zu übernehmen und zu bewachen?

**Wächter des Südens:**

Ja, ich bin bereit.

**Sprecher** (wendet sich dem Wächter des Westens zu):

Wächter des Westens, bist du bereit, das Tor des Westens, der untergehenden Sonne in unserem Zirkel zu übernehmen und zu bewachen?

**Wächter des Westens:**

Ja, ich bin bereit.

**Sprecher** (wendet sich dem Wächter des Nordens zu):

Wächter des Nordens, bist du bereit, das Tor des Nordens, des Schweigens in unserem Zirkel zu übernehmen und zu bewachen?

**Wächter des Nordens:**

Ja, ich bin bereit.

**Sprecher** (wendet sich dem Wächter des Ostens zu):

Wächter des Ostens, bist du bereit, das Tor des Ostens, der aufgehenden Sonne in diesem Zirkel zu übernehmen und zu bewachen?

**Wächter des Ostens:**

Ja, ich bin bereit.

(Alle vier Wächter wenden sich den vier Himmelsrichtungen zu, jeder der seinen, und erheben beide Arme; die Handflächen zeigen empfangend nach oben.)

**Wächter des Südens:**

Mächtiger Erzengel Michael, Herrscher des Feuers, Engel des **Schutzes** und der **Gerechtigkeit**, dir gelobe ich meine Treue zu diesem Zirkel.

### Wächter des Westens:

Mächtiger Erzengel Gabriel, Herrscher des Wassers und Verkünder der Botschaft, Engel der unendlichen **Liebe**, dir gelobe ich meine Treue zu diesem Zirkel.

### Wächter des Nordens:

Mächtiger Erzengel Uriel, Herrscher der Erde, Engel des **Lichts** und der **Sternenwelt**, dir gelobe ich meine Treue zu diesem Zirkel.

### Wächter des Ostens:

Mächtiger Erzengel Raphael, Herrscher der Luft, Engel des **Trostes** und der **Heilung**, dir gelobe ich meine Treue zu diesem Zirkel.

### Alle:

So sei es!

### Sprecher:

Geschwister, lasst uns nun unsere Plätze einnehmen.

(Alle nehmen ihre Plätze ein, die Wächter in den jeweiligen Himmelsrichtungen.)

### Wächter des Südens:

Wächter des Südens, Westens, Nordens und Ostens, welche Tugenden werdet ihr diesem Zirkel vermitteln?

### Wächter des Südens:

Als Wächter des Südens vermittle ich die Tugend der **Liebe**.

### Wächter des Westens:

Als Wächter des Westens vermittle ich die Tugend der **Intuition**.

### Wächter des Nordens:

Als Wächter des Nordens vermittle ich die Tugend der **Einheit mit der Natur**.

### Wächter des Ostens:

Als Wächter des Ostens vermittle ich die Tugend der **Weisheit**.

**Alle:**

So sei es.

**Sprecher:**

Geschwister, seid ihr mit der Wahl der Ämter einverstanden, mit den Ritualen in diesem Zirkel, mit den Namen, die wir verwenden, und seid ihr bereit, diese in Ehren zu halten und Verschwiegenheit zu bewahren?

**Alle:**

Ja, wir sind einverstanden.

**Sprecher:**

Dann lasst uns dies besiegeln, indem wir Essen und Trinken miteinander teilen.

(Alle kommen zum Altar. Der Sprecher segnet Brot und Wein bzw. Saft, isst und trinkt und lässt den Kelch und das Brot herumgehen. Dann küsst ihr euch gegenseitig auf die Wangen.)

Nun könnt ihr auch bald schon euer erstes gemeinsames **Elemente-Ritual** ausführen. Euer Sprecher liest erst einmal die Texte vor, um das Ritual zu erklären und später dann anzuleiten:

## DIE ELEMENTE-RITUALE

Die Elemente-Rituale haben ihre Wurzeln in den Traditionen der Ur-Magier. Ich habe sie für euch in zeitgemäßer Form entwickelt.

### DER ELEMENTE-ATEM

Übe erst einmal diese Atemtechniken ein, denn sie sind die Voraussetzung für weitere Rituale:

- ERDE-Atem: Nase ein, Nase aus (viermal)
- WASSER-Atem: Nase ein, Mund aus (viermal)
- FEUER-Atem: Mund ein, Nase aus (viermal)
- LUFT-Atem: Mund ein, Mund aus (viermal)
- ÄTHER-Atem: Nase ein, Nase aus (viermal, und zwar sehr fein)

## BEGRIFFE FÜR ELEMENTE-WÜNSCHE

**Erde:** Materielle Dinge wie Geld, Konsumgüter, Haus und Grund. Geistige Eigenschaften wie Realitätssinn und Bodenständigkeit.

**Wasser:** Liebe, Freundschaft, Partnerschaft, Feinfühligkeit und Spiritualität.

**Feuer:** Energie, Temperament, Fantasie, Heilung, Wille, Sexualität.

**Luft:** Verstand, Freiheit, Reisen, Lernen, Kommunikation.

**Äther:** Erleuchtung, Übersinnlichkeit, überhaupt alle spirituellen Wünsche.

Diese Art von Ritual nennt man in der modernen klassischen Magie auch **„Wegbahnung"** oder „innere magische Reise". Die darin praktizierte VISUALISATION übt eine starke Kraft auf dein Unterbewusstsein aus. Sie hat eine einzigartig befreiende Wirkung auf Körper, Geist und Seele und ermöglicht es, deine Wünsche zu verwirklichen. In diesem Ritual verbinden wir uns im Einklang mit den Elementen ERDE, WASSER, FEUER, LUFT und ÄTHER. Wir erweisen ihnen unseren Respekt und unsere Dankbarkeit und schaffen damit die Voraussetzung für ein starkes Ritual und die Freisetzung der wirksamen magischen Kräfte.

### INVOKATION

Wir rufen euch, ihr wohlwollenden Mächte der Engel und Kräfte der Elemente:

Sei gegrüßt und willkommen, oh Element Erde!

*Hebe deine Arme an und halte die Hände mit den Innenflächen parallel nach unten zum Boden.*

Sei gegrüßt und willkommen, oh Element Wasser!

*Forme deine Arme über dem Kopf zu einer oben leicht geöffneten Herzform, deine Hände sind nach unten gebogen, und deine Finger machen eine kribbelnde Bewegung wie fließendes Wasser.*

Sei gegrüßt und willkommen, oh Element Feuer!

Forme deine Arme über dem Kopf zum Dreieck und falte deine Hände wie in Gebetshaltung; bilde eine Flamme nach und klatsche immer wieder leicht, fast lautlos in die Hände.

Sei gegrüßt und willkommen, oh Element Luft!

Breite die Arme aus und ahme den sanften Flügelschlag eines Vogels nach.

Sei gegrüßt und willkommen, oh Element Äther!

Kreuze die Arme, lege sie auf deine Brust und kehre in die Stille ein. Lass Es geschehen.

Erde    Wasser    Feuer    Luft    Äther

Ihr wohlwollenden Mächte der Engel und ihr Kräfte der Elemente, wir bitten um Euren Segen! So sei es!

## DAS ELEMENTE-WUNSCH-RITUAL

### 1. ERDE-WUNSCH

Stelle dir einen gepflügten Acker vor. Schnuppere den Duft der frischen Erde. Spüre die wunderbare Kraft des Bodens. Dann stelle dir bildlich die Arbeiten des Ackerbaus vor: vom Pflügen über das Säen bis hin zur Ernte.

Atme nun den ERDE-Atem:
**Nase ein, Nase aus.**

Beim EINATMEN nimm die Kraft der Erde in dich auf.

Beim kurzen ANHALTEN DES ATEMS formuliere einen Wunsch, der mit dem Element ERDE in Beziehung steht (siehe oben) und dessen Erfüllung für deine weitere Zukunft wichtig ist.

Beim AUSATMEN stelle dir vor, wie dein Wunsch sich verwirklicht.

**Dann sprich:**

„Element ERDE, wir danken dir!"
(Alle wiederholen: „Element ERDE, wir danken dir!")

**2. WASSER-WUNSCH**

Stelle dir vor, du stehst unter einem Wasserfall, der dich erfrischt und reinigt. Spüre, wie das kühle Nass auf deinen Körper prasselt. Vor deinen Augen ergießt sich der Wasserfall in einen Fluss. An dessen Ufer ist ein Boot angebunden. Du gehst dorthin, löst das Boot und fährst hinaus auf den Fluss. Du hast absolutes Vertrauen, dass du dein Ziel erreichen wirst.

Atme nun den WASSER-Atem:
**Nase ein, Mund aus**

Beim EINATMEN nimm die Kraft des Wassers in dich auf.

Beim kurzen ANHALTEN des ATEMS formuliere einen Wunsch, der mit dem Element Wasser in Verbindung steht (siehe oben) und dessen Erfüllung für deine weitere Zukunft wichtig ist.

Beim AUSATMEN stelle dir vor, wie dein Wunsch sich verwirklicht.

**Dann sprich:**

„Element WASSER, wir danken dir!"
(Alle wiederholen: „Element WASSER, wir danken dir!")

## 3. FEUER-WUNSCH

Stelle dir ein riesiges Lagerfeuer vor, das dich wärmt und dessen Flammen hoch in den Himmel züngeln. Du wirst selbst zur Flamme, tanzt dich in Ekstase und strebst immer höher und höher ...

Atme den FEUER-ATEM:
**Mund ein – Nase aus**

Beim EINATMEN nimm die Kraft des Feuers in dich auf.

Beim kurzen ANHALTEN des Atems formuliere einen Wunsch, der mit dem Element Feuer in Verbindung steht (siehe oben) und dessen Erfüllung für deine weitere Zukunft wichtig ist.

Beim AUSATMEN stelle dir vor, wie dein Wunsch sich verwirklicht.

**Dann sprich:**

„Element FEUER, wir danken dir!"
(Alle wiederholen: „Element FEUER, wir danken dir!")

## 4. LUFT-WUNSCH

Stelle dir eine Wolke vor, wie sie leicht am blauen Himmel zieht. Werde selbst zu dieser Wolke und schwebe selbstvergessen davon. Lass dich vom Element Luft durchdringen und erheben.

Atme nun den LUFT-ATEM:

**Mund ein – Mund aus**

Beim EINATMEN nimm die Kraft der Luft in dich auf.

Beim kurzen ANHALTEN des Atems formuliere einen Wunsch, der mit dem Element Luft in Verbindung steht (siehe oben) und dessen Erfüllung für deine weitere Zukunft wichtig ist.

Beim AUSATMEN stelle dir vor, wie dein Wunsch sich verwirklicht.

**Dann sprich:**

„Element LUFT, wir danken dir"
(Alle wiederholen: „Element LUFT, wir danken dir!")


## 5. ÄTHER-WUNSCH

Verhalte dich bei der Äther-Übung, im Gegensatz zu den anderen VISUALISATIONEN der Elemente, eher passiv. Fasse den Äther als eine Art geistiges Licht auf. Werde immer stiller und lausche dem Klang des Kosmos.

Atme nun den ÄTHER-ATEM:
**Nase ein, Nase aus**
(aber sehr viel feiner als beim ERDE-Atem!)
EINATMEN,
kurzes ANHALTEN des ATEMS,
AUSATMEN

**Lasse dies alles *passiv geschehen* und öffne dich für die Inspiration!**


**Dann sprich:**

„Element ÄTHER, wir danken dir!"
(Alle wiederholen: „Element ÄTHER, wir danken dir!")


Beschließe das Ritual mit einem kurzen Gebet.

# PLAN EINES ZIRKELS

**N**

Wächter des Nordens

Mitglied

Mitglied

Mitglied

Mitglied

Wächter des Westens

**W**

N
W → O
ALTAR
S

**O**

Wächter des Ostens

Schatzmeister/in

Sprecher/in bzw.
Zirkelmeister/in
bzw.
Hoherpriester/in

Sekretär/in

Mitglied

Wächter des Südens

Mitglied

**S**

# DIE MAGISCHEN FESTTAGE

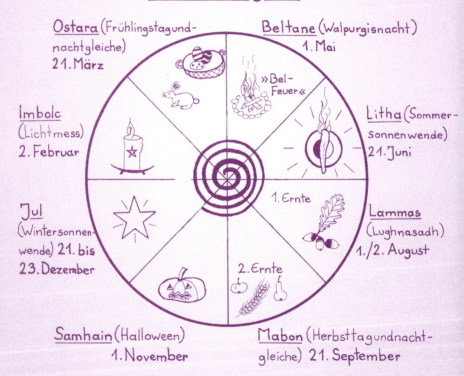

# DIE ACHT GROSSEN HEXENFESTE DES JAHRES

| | |
|---|---|
| **Imbolc** | 2. Februar (Mariä Lichtmess) |
| **Ostara** | 21. März (Frühlingstagundnachtgleiche) |
| **Beltane** | 1. Mai (Walpurgisnacht) |
| **Litha** | 21. Juni (Sommersonnenwende) |
| **Lammas** | 1. bzw. 2. August (Lughnasadh) |
| **Mabon** | 21. September (Herbsttagundnachtgleiche) |
| **Samhain** | 1. November (Halloween/Allerheiligen) |
| **Jul** | zwischen dem 21. und 23. Dezember (Wintersonnenwende) |
| **Esbat** | an jedem Vollmond |

Die acht Sabbate sind die Höhepunkte des Hexenkults.

Die Hexenfeste werden aufgeteilt in

### DIE VIER GROSSEN SABBATE

Imbolc, Beltane, Lammas und Samhain sind die **Licht-** und **Feuerfeste.**

und in

### DIE VIER KLEINEN SABBATE

Ostara, Litha, Mabon und Jul heißen **Sonnenwendfeste** oder auch **Äquinoktien** und können ein bis zwei Tage von den oben genannten Terminen abweichen.

Feste feiern ist eine wichtige Sache und liegt in der Natur des Menschen. Hexen und Magier können wirklich feiern, und das ist cool. Ein großer Meister, bei dem ich eine Zeit lang in die Lehre ging, hat einmal zu mir gesagt: „Wer nicht mehr feiern kann, geht vor die Hunde." Damals hatte ich das nicht so ganz ernst genommen. Aber heute weiß ich um die Bedeutung seiner Worte.

Die Hexenfeste bewegen dich dazu, dir Zeit für die Natur zu nehmen und dich mit ihren Kreisläufen zu beschäftigen. Diese Festtage sind besonders dazu geeignet, Altar und Werkzeuge mit neuer Energie aufzuladen.

Auch mir fiel es anfangs schwer, die Namen der Hexensabbate zu behalten. Ich fragte mich: „Wie zum T ... kann ich mir bzw. können sich auch andere die Hexenfeste merken?" Da fiel mir eine geniale Merkformel ein, die ich ganz einfach aus den Anfangssilben der aufeinander folgenden Hexenfeste zusammensetzte, beginnend mit dem IMBOLC-Fest.

Damit ergibt sich:

IMBOLC, OSTARA, BELTANE, LITHA, LAMMAS, MABON, SAMHAIN und JUL =

= „IMOS BELILA MASAJU"

Klingt geheimnisvoll, was? Wie ein Zauberspruch. Und als solchen könnt ihr ihn auch bei euren Ritualen einsetzen, z.B. zu Beginn eines Rituals:

IMOS BELILA MASAJU,
Ehre sei den Hexenfesten!

## HEXENSABBAT

Das Wort „Sabbat" kommt ursprünglich aus dem Hebräischen und bedeutet Ruhetag, und damit ist eigentlich der am Samstag stattfindende Feiertag der Juden gemeint. Die Bezeichung für ein Hexenfest ist also nicht ganz korrekt. Man weiß aber nicht so genau, wie das zustande kam. Vielleicht wurde dieses Wort auch aus dem Maurischen von „zabat" hergeleitet, was soviel wie „Zeit der Kraft" bedeutet. Eine andere Erklärung könnten die „Sabazien" abgeben. Das waren nächtliche Feste zu Ehren von Dionysos, dem griechischen Gott des Weines und der Fruchtbarkeit.

## IMBOLC – FEST DER 1000 LICHTER – 2. FEBRUAR

Das Leben erwacht, das Licht rührt sich erstmals. Die Tage werden wieder länger. Imbolc heißt „im Bauch" und stammt auch vom gälischen Wort „oimelc" ab, was Milch des Mutterschafs bedeutet. Gälisch ist die keltische Sprache der Gälen und wird heute noch in Irland, im schottischen Hochland und auf der Insel Man gesprochen. Mit Imbolc feiern sie nicht nur das Fest der milchgebenden Schafe, sondern ebenso ein Fest der Reinigung. Es ist auch Brauch, die Saat zu weihen und die landwirtschaftlichen Geräte zu segnen.

Imbolc fällt mit dem Festtag der Göttin *Brigid*, am 1. Februar, zusammen. Sie ist die heidnische Göttin der Dicht-, Heil- und Schmiedekunst und wurde ebenso wie der Festtag christianisiert. Der entsprechende altdeutsche „Hornung" galt als ausgesprochener Frauenmonat. Vor allem an Imbolc werden neue Einweihungen und Aufnahmen in den Hexenkonvent vorgenommen. In der Regel sind es Novizinnen, die schon einige Zeit bei einer Hexe in die Lehre gegangen sind (oft zwei bis drei Jahre).

**Festtage:** Mariä Lichtmess, Hornung, Lupercalia, Fest der Brigid bzw. Birgit, Kerzenfest, Panfest, Karneval.

**Gottheiten:** *Brigid* bzw. *Birgit*, Brautgöttinnen und alle Gottheiten der Liebe und Fruchtbarkeit wie *Aengus Og*, *Aphrodite*, *Aradia*, *Athene*, *Demeter*, *Eros*, *Februa*, *Freya*, *Gaia*, *Minerva*, *Pan*, *Venus*.

**Assoziation:** Liebe, Licht, Erneuerung, Reinigung, Wachstum, Weisheit der Frauen, Macht des Mondes, Fruchtbarkeit, Altes, Neues, Hexendreiheit: Jungfrau – Mutter – Greisin (entsprechend den Eigenschaften Schönheit – Reife – Weisheit), Vereinigung von Gott und Göttin.

**Gegenstände/Symbole für die Dekoration des Raumes bzw. Altars:** Jede Menge Kerzen in weiß, rosa und hellgrün, ein Keim, ein Trieb, die ersten Blumen des Jahres, Schneeglöckchen und andere weiße Blumen, Flachs, jungfräuliche Göttinnen-Figuren, Hexenbesen.

**Bräuche und Rituale:** Vergebungsritual (siehe S. 101), Tag zum Wahrsagen, Kerzen segnen, Weihe der magischen Werkzeuge, rituelle Fackelzüge und Lichterprozessionen zu Ehren der Feldfrüchte und ihrer Gottheiten, Kerzen-Meditationen, Besen verwenden, Anfertigen von Brigidskreuzen oder Puppen aus Stroh, so genannten „Brideo'-gas". Heute noch werden diese in Irland zu privaten sowie kommerziellen Zwecken hergestellt.

**Musik und Tanz:** „Magic Love" von *Thea*, „Flying Heart" von *Yan d'Albert*, „Lyrische Stücke" von *Edvard Grieg*, „Nach grüner Farb mein Herz verlangt" von *Michael Praetorius*, Laguz-Runentanz.

**Räucherwerk:** Myrrhe, Basilikum, Benzoe.

**Kräuter:** Angelika, Basilikum.

**Speisen und Getränke:** Sonnenblumenkerne, alle Milchprodukte wie Milch, Joghurt, Quark, Käse etc.

**Edelsteine:** Mondstein, Türkis, Rubin, Amethyst.

**Rune:** Laguz.

# OSTARA ... DER FRÜHLING KEHRT WIEDER! – 21. MÄRZ

Der Winter verzieht sich (... hoffentlich!), und der Frühling kehrt in voller Pracht und Blüte ein. Jetzt ist Schluss mit der großen Dunkelheit! An Ostara ist die Frühlingstagundnachtgleiche, das bedeutet, dass zu dieser Zeit Tag und Nacht gleich lang sind. Von nun an sind die Tage endlich wieder länger als die Nächte.

*Ostara* ist die germanische Göttin des aufsteigenden Lichts, des Frühjahrs und der Fruchtbarkeit. Im Angelsächsischen heißt sie *Eostre*. Dieser Tag gilt auch als Befruchtungstag des „Lichtkindes". 9 Monate später, an der Wintersonnenwende (Julfest) ist dessen Geburt. Im 6. Jahrhundert wurde von Ostara das christliche Ostern abgeleitet.

**Festtage:** Ostern, Eostres Tag.

**Gottheiten:** *Ostara, Eostre, Venus, Aphrodite.*

**Assoziation:** Erde, Frühlingsanfang, Fruchtbarkeit, Gleichgewicht.

**Gegenstände/Symbole für die Dekoration des Raumes bzw. des Altars:** Mit magischen Zeichen bemalte Eier, Hasen als Figuren aus Kuchen etc., Frühlingsblumen, Osterglocken, geflochtene Kränze, Brideo'gas (Getreidestrohpuppen), Zauberstäbe mit Eichenspitze, ein Pflug (als kleiner Gegenstand oder Foto), hell- und grasgrüne, gelbe und goldene Kerzen, frische Erde, Symbole der Liebe.

**Bräuche und Rituale:** Samen aussäen. Magischen Kräutergarten anlegen. Verbrennen von alten Strohpuppen (sie symbolisieren den „alten Herrn Winter"). Aufladen der Werkzeuge. Maskierte Umzüge zum Zwecke der Vertreibung des Winters und der Wintergeister, Anfertigung einer mit bunten Bändern geschmückten Osterrute (z. B. von der Weide), Eier bemalen.

**Speisen und Getränke:** Mit Symbolen verzierte Brote, Kuchen, Osterlämmer, Eier, Erdbeeren, Waldmeister-Bowle.

**Musik und Tanz:** „Immer wieder kommt ein neuer Frühling" von *Rolf Zuckowski*, „Es tönen die Lieder" und andere Frühlingslieder, „Schaddai" (Mutter- u. Frauentanz) von Saadi Neil Douglas-Klotz, Berka-Runentanz.

**Räucherwerk:** Jasmin, Salbei, Veilchen.

**Edelsteine:** Jaspis, Aquamarin, Rosenquarz, Mondstein.

**Rune:** Berka.

# BELTANE – DER HEXENSOMMER BEGINNT! – 1. MAI

Die Natur steht jetzt in voller Blüte. Das mit Blättern bekränzte Maienpaar, Maienkönig und Maienkönigin, zogen zu Ehren der Götter (Freya und Wotan) in den Wald und führten einen Liebestanz auf. Die Hexen „reiten" zum Blocksberg, dem im Harz stehenden „Brocken". Beltane bzw. Walpurgis ist ein wichtiges Fest, für manche sogar **das wichtigste Hexen-Fest**.

Beltane heißt wörtlich „die Bel-Feuer". Schon bei den Kelten wurde der 1. Mai als Sommerbeginn gefeiert. Aus diesem Anlass trieb man früher das Vieh durchs Feuer, als eine Art Reinigungs- oder Gesundheitszauber.

Der Name „Walpurgis" kommt ursprünglich von der germanischen Göttin Walpurg. Erst später wurde die Heilige Walpurga (ca. 710–779), eine angelsächsische Äbtissin, sozusagen „installiert". Im frühen Christentum ernannte man sie zur Schutzheiligen gegen Hexen und Dämonen. Seit dieser Zeit kennt man die Walpurgisnacht. Die Kirche glaubte, damit das Hexenfest vertreiben zu können. Aber Beltane hat sich bis in unsere Zeit erhalten.

**Festtage:** 1. Mai-Feiertag, Walpurgisnacht, Wonnemond, Balderfest, Roodmas.

**Gottheiten:** *Walpurg, Freyr, Freya, Diana, Belinos, Beal,* Hochzeit von *Aradia* und *Karnaina, Freya und Wotan*.

**Assoziation:** Fruchtbarkeit, Leben, Begegnung, Gemeinschaft, Liebe, Leidenschaft, Feuer, Hochzeit.

**Gegenstände/Symbole für die Dekoration des Raumes bzw. des Altars:** Ein kleiner Maibaum, Efeu, Rotdorn, Baldrian, Amulette der Freundschaft und Liebe (siehe S. 24/25), grüne bis dunkelgrüne Kerzen, ein aus Gänseblümchen geflochtener Kranz.

**Bräuche und Rituale:** Feuer machen. Sich verkleiden. Auf Besen reiten. Ekstatisches Jubeln, Singen und Tanzen. Befragen der Liebes-Orakel. Fruchtbarkeitsrituale. Liebesspiele an oder auf den Feldern. Tänze um den Maibaum. Schneiden von Mistelzweigen. Segnung der Gärten und Felder.

**Musik**: Mailieder, „Bahar amad", persisches Frühlingslied von *Yan d'Albert* nach einem Text von *Rumi*, „Persian Spring Song" von *P. M. Khan*, Fruchtbarkeitstänze, Algiz-Runentanz.

**Speisen und Getränke:** Brot, Getreideprodukte, Milchprodukte, Waldmeisterpunsch.

**Räucherwerk:** Rose, Weihrauch, Flieder.

**Edelsteine:** Chrysokoll, Aventurin, Malachit, Moosachat.

**Rune:** Algiz.

# LITHA – DER LÄNGSTE HEXENTAG IM JAHR – 21. JUNI

Das Licht der Sonne siegt über die Dunkelheit der Nacht. Um oder an Litha ist der längste Tag im Jahr. Die heißesten Tage des Jahres kündigen sich an. Und dann werden sie langsam wieder kürzer. Der Sonnengott Baldur stirbt und wird erst am Julfest zur Wintersonnenwende (21. Dezember) wiedergeboren. Ihm zu Ehren wurden die „Baldersfeuer" entzündet, die im Zuge der Christianisierung zu den Johannisfeuern wurden und sich bis heute erhalten haben. Die Menschen feierten häufig an Eichen, welche sie verehrten. Diese Eichbäume lagen oftmals an Quellen und galten als Tore zur „Anderswelt".

**Festtage:** Johannistag (24. Juni), Sommersonnenwende, Weißer Sonntag, Pfingsten, Vestalia, St. John's Tag.

**Gottheiten:** Sunna, Baldur (Balder), Bile, Danu, Beiwe.

**Assoziation:** Feuer, Höhepunkt, Licht und Schatten, Sieg des Lichts über die Dunkelheit.

**Gegenstände/Symbole für die Dekoration des Raumes bzw. des Altars:** Bunte Blumen, Rosen, Holunder, Johanniskraut, Farn, Eicheln, Eichenblätter, Sonnensymbole, Liebesamulette (siehe S. 25), Früchte, Muscheln, grüne, gelbe und blaue Kerzen.

**Bräuche und Rituale:** Magische Pflanzen pflücken, denn jetzt haben sie die stärkste Kraft in sich (Johanniskraut, Holunder usw.). Jeder hilft mit beim gemeinsamen Holzsammeln. Feuer entzünden auf Hügeln und Bergen. Tanz um und durch das Feuer. Umzüge mit Fackeln. Schmücken, ehren und umtanzen von Eichbäumen, Zauber aller Art.

**Speisen und Getränke:** Holundersekt, Holunderküchle, Honigkuchen, Kirschen.

**Musik und Tanz:** „Ut queant" von *Paulus Diaconus* (Hymnus zu Ehren Johannes des Täufers), Feuertänze, Tänze um Eichbäume, Jeran-Runentanz.

**Räucherwerk:** Pinie, Weihrauch, Zitronenmelisse.

**Kräuter:** Johanniskraut, Kamille, Lavendel, Thymian.

**Edelsteine:** Mondstein, Jade, Tigerauge, Lapislazuli.

**Rune:** Jeran.

# LAMMAS – DAS ERSTE ERNTEFEST – 1. BZW. 2. AUGUST

Der Sommer verliert seine Kraft. Dieses in der Hexentradition erste Erntefest wird auch Schnitterfest genannt. Es ist das Fest des Wachstums und Reichtums, der Reife und der Ernte.

„Lammas" hat die Bedeutung „Fest des Brotes" und war der christliche Name des keltischen Feiertages Lughnasadh (= Spiele des Lugh, des Gottes des Getreides).

**Festtage:** Lughnasadh, Augustabend, Brotfest, Ceresalia.

**Gottheiten:** Lugh, Juno, Thor, Habondias, Sif.

**Assoziation:** Reife, Ernte, Vollmond.

**Gegenstände/Symbole für die Dekoration des Raumes bzw. des Altars:** Alle Körner, Weizengarben, Brot, Puppen aus Maiskolben oder Korn gebastelt, Trauben, Brombeeren, Sonnenblumen, Eichenblätter, Heidekraut, goldfarbene, gelbe und orangefarbene Kerzen.

**Bräuche und Rituale:** Brot backen, Erntegebete, Segnung der Speisen, Erfolgs- und Freundschaftszauber.

**Speisen und Getränke:** Mais, Reis, Sonnenblumenkerne, Brot, Kuchen.

**Räucherwerk:** Sandelholz, Aloe, Rose.

**Edelsteine:** Bernstein, Citrin, Goldtopas, Sonnenstein.

**Musik und Tanz:** „Summertime", „Summertime Blues" von *The Who*, „In the summertime" von *Mungo Jerry*, Erntetänze, Erntemutter-Tänze um weibliche Statuen.

**Rune:** Hagalaz.

## MABON – DAS ZWEITE ERNTEFEST – 21. SEPTEMBER

Die Blätter fallen von den Bäumen. Die Ernten neigen sich dem Ende zu. Der Sommer ist vorbei. Tage und Nächte sind wieder gleich lang. Der Sonnengott bereitet sich zum Sterben vor. Dieses Fest ist nach dem keltischen Sonnenkönig *Mabon*, Sohn der Erdenmutter, benannt.

**Festtage:** 2. Erntefest, Alban Elfed, Dionysien, Weinernte.

**Gottheiten:** *Freyr/Freya, Thor, Mabon.*

**Assoziation:** Dank, Abschied.

**Gegenstände/Symbole für die Dekoration des Raumes bzw. des Altars:** Getreide, Herbstblumen, Herbstlaub, Früchte, Haselnüsse, Kastanien, Hagebutten, Trauben, Wein, Tannenzapfen, gelbe, dunkelrote und braune Kerzen.

**Speisen und Getränke:** Äpfel (roh, getrocknet oder als Backäpfel), geröstete Maronen, Apfelschorle.

**Bräuche und Rituale:** Kränze binden, Strohpuppen anfertigen und aufhängen, Dankesrituale, Bindezauber, Weben und Binden von Kordeln. Im Hexenzirkel werden dann alle Kordeln der Hexen zu einem Kunstwerk zusammengeflochten. Dies symbolisiert die gemeinsamen Kräfte und Bemühungen.

**Musik und Tanz:** „Autumn comes" (engl. Volkslied, 16. Jh.), „Autumn" von *George Winston* (wunderschöne herbstlich-meditative Klaviermusik), Erntetänze, Kenaz-Runentanz.

**Räucherwerk:** Salbei, Benzoe.

**Edelsteine:** Amethyst, Citrin, Bernstein, Jaspis.

**Rune:** Kenaz.

## SAMHAIN – DAS HEXENNEUJAHR – 1. NOVEMBER

Nun kommen die dunkelsten und düstersten Tage des Jahres. Und wenn du nicht versumpfen willst, musst du dir was einfallen lassen. Aber Gott/Göttin sei's gedankt, da gibt es ja jede Menge Bräuche ...

Samhain (= Sommer-Ende) bzw. Halloween oder „All Hallow's Eve" (= Alle-Heiligen-Abend) hat eine 5000jährige Tradition. Es zählt damit zu den ältesten Festen der Menschheit überhaupt und läutet das Hexen-Neujahr ein. Bei den Kelten wurde es als Feuer- und Totenfest gefeiert, ähnlich dem Allerseelen der Christen.

Es heißt, dass in dieser Zeit die Tore zum Leben und zum Tod offen sind. In der Samhain-Tradition stellen die Hexen zur Totenverehrung einen Teller mit Essen vor die Tür. Eine Kerze steht im Fenster und geleitet die Toten auf den Weg ins „Land des ewigen Sommers". Im Boden vergrabene Äpfel dienen ihnen als Wegzehrung. In dieser Nacht sprechen die Hexen mit den Verstorbenen und deuten die Zukunft. Gegen eine Opfergabe holten sie sich früher eine Flamme vom großen Feuer für den Herd zu Hause.

Du kannst HALLOWEEN bzw. SAMHAIN als besinnlichen Tag der Ruhe und des Gedenkens an Verstorbene begehen. Oder du machst einen fetzigen Fetentag mit Maskerade und Party daraus. Es ist cool, sich an Halloween als Hexe, Gespenst o. ä. zu verkleiden, durch die Straßen zu ziehen und zu Hause Partys zu feiern. In den USA gehen die Kinder von Haus zu Haus mit dem Spruch „Trick or Treat", was so viel heißt wie „Her mit den Süßigkeiten, oder wir spielen euch einen Streich!"

**Festtage:** Halloween, Allerheiligen, Allerseelen, Samonios, Martinmas, keltisches Neujahr.

**Gottheiten:** Hellia, Hel, Morrigan.

**Assoziation:** Der sterbende Gott, Totenehrung, Heilige, Besinnung.

**Gegenstände/Symbole für die Dekoration des Raumes bzw. des Altars:** Rote, orangefarbene, braune und schwarze Kerzen, Kürbis (ganz und/oder ausgehöhlt), Granatäpfel, Äpfel, Birnen, Nüsse, Eicheln, Stroh, Disteln, Salbei, schwarze Kerzen, Besen, Masken, Kessel.

**Speisen und Getränke:** Kürbis- und Apfelgerichte, Punsch.

**Bräuche und Rituale:** Anrufung der Gottheiten und Geister. Ruhige, besinnliche Meditation zum Gedenken an die Verstorbenen, Gesänge zur Begrüßung der Vorfahren und Ahnen, Ziehen von Haus zu Haus, Halloween-Partys (mit Verkleiden und Maskieren etc.), Weissagungen, Runen-Orakel.

**Räucherwerk:** Muskat, Minze, Salbei, Kampfer.

**Edelsteine:** Schwarzer Turmalin, Opal, Onyx, Obsidian.

**Musik und Tanz:** 5. Sinfonie von *Gorecki*, Kindertotenlieder von *Gustav Mahler*, „Rememberance" von *George Winston* (zum Gedenken der Opfer des 11. September 2001), Totentänze (auch maskiert), Thurisaz-Runentanz.

**Rune:** Thurisaz.

# JUL – DIE RÜCKKEHR DER SONNE – ZWISCHEN DEM 21. UND 23. DEZEMBER

Jetzt kommt der dunkelste Tag des Jahres, und dann werden die Tage wieder länger. Träume in der Nacht auf Jul sollen auf die Zukunft hinweisen.

Der Sonnengott wird aus der Erdgöttin wieder geboren. Vor allem in den skandinavischen Ländern lebt die Tradition des Julfestes bis heute noch weiter. Aus diesem Anlass werden Scheite aus Eichen- oder Eschenholz aufgerichtet und schön dekoriert, um das Julfeuer zu entzünden. Dieses wird als Orakel verwendet, indem man Münzen oder Samen ins Feuer wirft, was Glück und Fülle bringen soll. Die Asche des Julfeuers wird auf die Felder gestreut, um Fruchtbarkeit zu bringen, und dem Vieh ins Futter gemischt, um es zu schützen.

Das Julfest lässt sich – vor allem, wenn du einer christlichen Tradition angehörst – gut mit Weihnachten verbinden.

**Entsprechende Festtage:** Weihnachten, Mittwinter, Saturnalien, Finn's Day.

**Gottheiten:** Baldur, Jul.

**Assoziation:** Geburt des Lichts, Neuanfang, Frieden, Liebe.

**Gegenstände/Symbole für die Dekoration des Raumes bzw. des Altars:** Viele weiße, rote, grüne, goldene und silberne Kerzen, Engelfiguren, Zapfen, Moos, Wacholder, Mistel, Weihrauch, Zeder, Julzweige (von Eiche, Mistel und Stechpalme), Baum besorgen und schmücken, Tannenbaum/Julbaum mit Äpfeln, Orangen, Zitronen, Nüssen und Zimtstangen dekorieren, Geschenke.

**Bräuche und Rituale:** Licht-Übungen und Licht-Rituale, Vergessens- und Realitätszauber.

**Räucherwerk:** Pinie, Rosmarin, Weihrauch, Zeder.

**Speisen und Getränke:** Festessen, Gänse, Puten, Bowle.

**Edelsteine:** Rubin, Hämatit, Granat, Granit.

**Musik:** *„Ya Nur"* von Yan d'Albert, *„Thy Light is in all forms"* von *Hazrat Inayat Khan/Yan d'Albert, „Das Weihnachtsoratorium"* von Johann Sebastian Bach, barocke Weihnachtsmusik, Weihnachtslieder, Licht-Tänze, Odala-Runentanz.

# ESBAT

Traditionell feiern Hexen und Magier das Esbatfest an den 13 Vollmonden eines Jahres. Manche Zirkel halten Esbat auch wöchentlich, zweiwöchentlich oder monatlich ab.

---

**Die Namen der Esbat-Monde:**

| | |
|---|---|
| Januar: | „MOND DES WOLFES" |
| Februar: | „MOND DES STURMES" |
| März: | „MOND DER REINHEIT" |
| April: | „MOND DES HASEN" |
| Mai: | „MOND DES PAARES" |
| Juni: | „MOND DES MET" |
| Juli: | „MOND DER KRÄUTER" |
| August: | „MOND DES KORNS" |
| September: | „MOND DER ERNTE" |
| Oktober: | „MOND DES BLUTES" |
| November: | „MOND DES SCHNEES" |
| Dezember: | „MOND DER EICHEN" |
| Nicht in jedem Jahr: | „BLAUER MOND" |

---

In manchen Jahren gibt es nur 12 Vollmonde (z. B. im Jahr 2002), die meisten haben jedoch 13.

**Gottheiten:** Gott und Göttin (Wicca-Kult), Mondgottheiten.

**Assoziation:** Mond, die heilige Hexen-Zahl 13.

**Gegenstände/Symbole für die Dekoration des Raumes bzw. des Altars:** Symbole des Mondes, des Gottes und der Göttin, Silber, Reis.

**Bräuche und Rituale:** Kerzenmagie (siehe S. 84), Wunschzauber, je nach Mond.

**Räucherwerk:** Kampfer, Weihrauch, Sandelholz, Wacholder.

**Speisen und Getränke:** Reisgerichte, Snacks, belegte Brote, Getränke mit Vollmond-Energie aufgeladen, Mondstein-Wasser.

**Edelsteine:** Mondstein, Perle, Jade, Aventurin.

**Musik und Tanz:** „Mystera", „Terra Mystica", „Magic Love" , Thea, Runentänze, Hexen-Spiraltanz.

Ausführliche Anleitungen, Tipps und Rezepte zu den acht Hexenfesten erfährst du in unserem Buch **MAGISCH FEIERN! (vgs-verlagsgesellschaft, erscheint Anfang 2003)**, welches ich gerade gemeinsam mit meiner Frau Gabriela d'Albert schreibe.

# DAS EINWEIHUNGS- RITUAL

*Das Herz entdecken, ist die höchste Einweihung.*

Hazrat Inayat Khan

# DIE EINWEIHUNG

Die Einweihung wird auch „Initiation" genannt. Dieses Wort ist mit „Initiative" verwandt. Der Eingeweihte ist also jemand, der eine Initiative ergreift. Mit der Einweihung symbolisch verbunden sind Tod und Auferstehung. Für den Eingeweihten bedeutet dies eine Umwandlung und der Beginn eines neuen Lebensabschnittes. Der Aspirant bzw. Bewerber wird meist in einen Orden, eine Loge oder einen Zirkel aufgenommen. In der weißmagischen Tradition weiht ein Lehrmeister seinen Schüler ein. Auch eine Einweihung durch den Zirkel oder eine Selbsteinweihung ist üblich. Aber ein Lehrer ist natürlich durch nichts zu ersetzen. Denn dieser begleitet den Schüler und ist ihm Ratgeber in allen Fragen und Lebenslagen. Die beiderseitige Pflege der Beziehung zwischen Meister und Schüler ist daher sehr wichtig. Der Meister kann den Schüler für einige Zeit an die Hand nehmen. Aber irgendwann, wenn er spürt, dass die Zeit reif ist, wird er sie wieder loslassen. Dann muss der Schüler alleine voranschreiten.

Wichtig für deine Einweihung ist der richtige Zeitpunkt. Nicht selten müssen Hexen ein, zwei oder drei Jahre in die Lehre gehen, bevor sie eingeweiht werden. Ich rate dir daher, Geduld aufzubringen und dich erst einmal intensiv dem Studium der Magie zu widmen.

# DAS GELÜBDE

Die Einweihung ist oft mit einem Gelübde verbunden, das du in Gegenwart des Einweihenden sprichst oder deiner Gruppe gegenüber bekennst. Aber dies ist in erster Linie für dich selbst gedacht, zu deinem eigenen Wohle und für deinen spirituellen Weg. Mit diesem Gelöbnis erklärst du dich einverstanden und verbunden mit den Grundsätzen und Zielen der Universellen Allianz aller wohlwollenden weißen Hexen und Magier auf diesem Planeten. Die „Universelle Allianz" (= allumfassendes Bündnis) ist nicht irgendein neuer Club oder ein eingetragener Verein, sondern eine schlichte, übersinnliche Verbundenheit mit eben genannten Hexen und Magiern.

Nachfolgendes Gelübde soll dir als Vorschlag für eure Einweihungsrituale dienen. Du kannst dieses Versprechen aber auch ohne Einweihung ganz für dich persönlich abgeben. Wenn du dich dafür entscheidest, begib dich (möglichst an Vollmond) an einen geweihten, heiligen Ort. Auch wenn nur die Natur dein Zeuge ist, reicht das völlig.

Wem der Wortlaut dieses Gelübdes so gefällt, der kann es in seinen Zirkel übernehmen. Vielleicht wollt ihr es ja gemeinsam ein wenig abändern oder auch ein ganz eigenes Gelübde verfassen. Entscheidend ist, dass die Essenz der Worte, also das Wesentliche, erhalten bleibt.

### GELÜBDE

......................................................................................................................
(Datum, Ort)


Ich, ....................................................................................... gelobe,


mich nach bestem Wissen und Gewissen an folgende sieben Grundsätze der Universellen Allianz der Hexen und Magier zu halten:

- Ich toleriere und achte alle Religionen und magischen Traditionen und ihre Rituale, die den Menschen in guter und lebensförderlicher Weise dienen.
- Ich gelobe, meine magisch bereits vorhandenen oder im Laufe meiner Ausbildung erworbenen Kräfte nicht zum Schaden von Mensch und Natur einzusetzen.
- Ich weiß, dass ich meine Handwerkszeuge rein halten muss, die magischen Symbole nicht missbrauchen und sie für keine anderen als die rituellen Anlässe verwenden darf.
- Ich erkläre, vor oder während des Rituals keine Drogen zu verwenden.
- Ich verspreche, Stillschweigen zu bewahren über Dinge, die mir von meinem Lehrer oder innerhalb meines Zirkels als geheim geltend anvertraut worden sind.

## ELEMENTE-RITUALE

Ein Ritual oder auch eine Taufe durch ein Element, also **Erde**, **Feuer**, **Wasser**, **Luft** oder **Äther**, bedeutet, in eine ganz besondere, vorher nie da gewesene Beziehung mit dem jeweiligen Element zu treten. Die nachfolgenden Rituale können Bestandteile einer Einweihungszeremonie sein oder auch einzeln ausgeführt werden.

## ERDE-RITUALE

In Verbindung mit der **kleinen Hexen- bzw. Magierprüfung** (weitere Infos unter www.magicult.de) hast du bei der Erde-Taufe die Aufgabe, eine ganz „erdende" Tätigkeit zu verrichten, z. B. einen Baum zu pflanzen. Eine weitere Möglichkeit besteht darin, an einem idealen Kraftort einen Steinhaufen aufzuschichten, der Erde sozusagen ein „magisches Denkmal" zu errichten.

**Übung:** Erde-Atem (siehe S. 113).

## WASSER-RITUALE

Am besten machst du sie morgens bei Sonnenaufgang oder abends bei Sonnenuntergang, entweder allein oder zusammen mit einem Partner. Zu dieser Zeit ist, wie bereits erwähnt, die magische Strahlung am wirksamsten. Ganz cool ist es auch, wenn ihr euch gegenseitig tauft, und zwar nach Möglichkeit an einem Bach, einem Fluss, in einem See oder im Meer. Alle Sorgen und Ängste, die hinter dir liegen, Gedanken und schlechte Träume der Vergangenheit, werden mit dem Wasser weggewaschen. Auch wenn du mit jemandem Streit hattest oder einen besonders aufreibenden Tag hinter dir hast, kannst du die reinigende und heilende Kraft des Wassers dazu verwenden, dich von negativen Energien zu befreien. Schließlich gehe in Gedanken ganz weit zurück in dein Leben, bis zu dem Zeitpunkt, als du ein Kleinkind oder Baby warst, so weit wie du dich noch erinnern kannst. Lasse bei der Wasser-Einweihung all die schlechten und dich noch belastenden Dinge seit dieser Zeit wegspülen. Segne das Wasser, mit dem du dich oder deinen Partner weihst. Danke gleichzeitig dem Element Wasser, dann erhöht sich die Schwingung und die magische Kraft auf dich.

Das ist der tiefere Sinn der Taufe. Nichts anderes tat damals Johannes der Täufer. Er rief die Engelmächte an, sprach Gebete, lud das Wasser des Jordan auf und taufte Jesus. Es war für Jesus eine der ersten Einweihungen, ausgeführt von einem magischen Weisen, der in der Tradition der Propheten und Magier stand.

**Übung:** Wasser-Atem (siehe S. 113).

## FEUER-RITUALE

Bei den Hexen sind Feuer-Rituale ein wichtiger Bestandteil der Sabbate. Zur Feuer-Taufe entzünde an einem sicheren Platz ein kleines Feuer. Stelle dich vor das Feuer und strecke ihm deine Arme entgegen, die Handinnenflächen Richtung Feuer. Rufe die Namen der 13 Monde bzw. Monate an, und zwar der Reihenfolge nach:

1.: „Mond des Wolfes"
2.: „Mond des Sturmes"
3.: „Mond der Reinheit"
4.: „Mond des Hasen"
5.: „Mond des Paares"
6.: „Mond des Met"
7.: „Mond der Kräuter"
8.: „Mond des Korns"
9.: „Mond der Ernte"
10.: „Mond des Blutes"
11.: „Mond des Schnees"
12.: „Mond der Eichen"
13.: „Blauer Mond"

**Übung:** Feuer-Atem (siehe S. 113).

## LUFT-RITUALE

Wenn du die Gelegenheit hast, mache zu diesem Zweck eine Ballonfahrt mit, besteige einen höheren Berg oder meditiere draußen im Freien während eines heftigen Windes. Konzentriere dich ganz auf das Luft-Element.

**Übung:** Luft-Atem (siehe S. 113).

# DAS EINWEIHUNGRITUAL

Für die Einweihung benötigst du bzw. ihr:

Einweihungsöl aus:

- 20 ml Basis-Öl (z. B. Jojoba-Öl)
- 3 Tropfen Weihrauch-Öl
- 3 Tropfen Myrrhe-Öl
- 1 Tropfen Sandelholz-Öl

einen Kelch
geweihtes, aufgeladenes Wasser

Der Aspirant (= das Mitglied, welches innerhalb des Zirkels eingeweiht werden soll) stellt sich in die Mitte des Kreises. Der Einweihende (Meister, Hoherpriester) spricht den Text des Gelübdes (siehe S. 136) vor; der Aspirant wiederholt die Worte. Dann legt der Einweihende seine rechte Hand auf den Kopf des Aspiranten und spricht den Weihetext:

> Hiermit weihe ich dich zu einem Mitglied der Universellen Allianz der Magier und Hexen (oder zur Hexe bzw. zum Magier). Mögen deine kleinen und großen magischen Werke Frucht und den Menschen Liebe und Frieden bringen. Möge der Segen ............ (Gottes, der Göttin usw.) auf dir ruhen!

Dann salbt der Einweihende dem Aspiranten ein Zeichen (z.B. das Symbol eures Zirkels) auf die Stirn bzw. auf das dritte Auge. Dieser erhält nun seine Ritualkleidung, eine Urkunde mit dem Text des Gelübdes und der Einweihung, evtl. einen Ring oder andere Dinge. Der Aspirant trinkt aus dem Kelch das geweihte Wasser. Danach gehen alle für einige Minuten in die Stille. Die Zirkelgeschwister gratulieren dem Aspiranten und bringen ihm Geschenke. Zum Abschluss singen alle ein gemeinsames Lied (z. B. „Our magic is our give-away", „Ananda Om" „Halleluja" oder ein anderes passendes feierliches Lied).

*Im Namen der Universellen Allianz der Magier und Hexen,*

*Liebe, Frieden und Segen sei mit euch und euren kleinen und großen magischen Werken!*

*Amen*
*So sei es!*

*Magic Yan d'Albert,*
*Windecker Ländchen, Beltane 2002*

**Bezugsquelle für magische Artikel:**

magicult – Alles für Magie
Vertrieb von **witch box** und **magic box**,
Amuletten, Talismanen, mag. Werkzeugen, Edelsteinen, CDs,
Videos und Büchern. Die Amulette von S. 24/25 können auch über
www.mysterium.co.uk bezogen werden.
Buchung von **magic trainings,** den Workshops und Seminaren
mit **MAGIC YAN d'Albert.**

**Filmprojekte:**
magicult movies, Story Development, Exposés,
Treatments, Scriptwriting und TV-Produktion "MAGIC YAN".

**Orden und Club:**
O.o.m., Order of magicult (Koordination: Yan d'Albert).
H.O.C., Hexen-Online-Club (Koordination: Jasmin Pascal Schneider).

**Kontaktadresse:**
Am Reutersbach 3, D-51570 Windeck (Sieg)
Fon: 02292-80040-2, Fax: 02292-80040-3,
e-mail: magicult@magicult.de
**www.magicult.de** und **www.magicult.com**

Zeichnungen und Graphiken von **Yan d'Albert:** S. 6, 39: Om-Zeichen, S. 7, 121ff, 135: Jul-Stern, S. 8, 34, 36, 61 ff., 119 ff.: Ankh, S. 11, 113, 134 ff.: Hexenzeichen II, S. 12, 18, 29, 34, 88: Zauberstab, S. 14: Hexenzeichen I, S. 15: Hexenzeichen III, S. 17, 85: Binderune, S. 18, 22: Robe, Masken, S. 19, 21 ff., 31: Hexenkessel, S. 26, 105: Altar, S. 27, 96: Kerze, S. 30, 34: Besen, S. 33, 105 ff.: Triskel, S. 34, 62, 64: Buch, S. 34, 60: Glückssigille, S. 36, 54, 125: Beltane-Feuer, S. 38, 89, 99 ff.: Blume der Freundschaft, S. 35 ff., 43, 104: Pentagramm, S. 48: Naudiz-Mudra, S. 63, 64: Die acht Trigramme, S. 66-76: Die 64 Hexagramme, S. 76, 126: Litha-Fackel / -Sonne, S. 79: Tintenklecksbild, S. 81 ff.: Fünfblättrige Blüte, S. 85: Runen Berka, Tiwaz und Binderune, S. 90, 133: Yan's Buddha, S. 92: Edelstein-Herzmandala, S. 93, 94: Tierkreiszeichen, S. 96: Kerze I, S. 98: Zaubersiegel, S. 115: Elemente-Gesten, S. 119: Plan eines Zirkels, S. 120: Das Hexenjahr, S. 122: Imbolc-Kerze, S. 124: Hase und Körbchen, S. 127: Eichenblatt und Eicheln, S. 128: Apfel, Ähre, Birne, S. 129: Halloween-Kürbis, S. 134: Hexenzeichen II (Copyrights by Yan d'Albert, D-51570 Windeck / Sieg); Zeichnungen und Graphiken von **Gabriela d'Albert:** Coverbild: Herz-Mandala, S. 7, 77, 139: Horus-Auge, S. 9, 116: Tekkno-Hexe, S. 10: Sonne, S. 13, 56, 65: Saturn, S. 18, 28, 112: Athame, S. 41: Herz-Mandala, S. 42, 82, 91: Geflügeltes Doppelherz, S. 44 ff., 62, 64, 138: Buch, S. 46: CD-Cover „LIGHT OF ANGELS" von Yan d'Albert, S. 52, 55: Mars, Jupiter, Sonne, S. 53 ff., 132, 138: Mond, S. 57, 86: Venus, S. 58: Merkur, Mond, S. 59: Rosenkreuz, S. 80: Herz-Labyrinth, S. 84: Siebenarmiger Leuchter, S. 95: Feensteine, S. 139: Öl-Fläschchen mit Blüte (Copyrights bei Gabriela d'Albert, D-51570 Windeck / Sieg).

Die Informationen und Ratschläge in diesem Buch sind vom Autor und Verlag nach bestem Wissen und Gewissen sorgfältig erwogen und geprüft, doch Autor und Verlag übernehmen keinerlei Haftung für etwaige Personen- und Sachschäden, die sich aus Gebrauch oder Missbrauch der in diesem Buch aufgeführten Ratschläge ergeben.

Die Deutsche Bibliothek – CIP-Einheitsaufnahme
D'Albert, Yan:
Das Buch der magischen Rituale : Liebe, Freundschaft, Hexenkult / Yan d'Albert. – 1. Aufl. – Köln : vgs, 2002
ISBN 3-8025-2962-6

1. Auflage 2002
© Egmont vgs verlagsgesellschaft, Köln 2002
Alle Rechte vorbehalten.

© des ProSieben-Titel-Logos mit freundlicher Genehmigung der ProSieben Television GmbH

Layout: so.wie?so!, Köln
Umschlaggestaltung: Sens, Köln
Satz und Litho: Punkt für Punkt GmbH · Mediendesign
Illustrationen: Yan d'Albert und Gabriela d'Albert
Druck: Clausen & Bosse, Leck
Printed in Germany
ISBN 3-8025-2962

# Hexe und Zauberlehrling aufgepaßt!

## HIER GIBT ES DAS MAGISCHE ZUBEHÖR FÜR DICH :

... alles drin für deinen Altar !

**Die Original WITCHBOX**

nur **15 EURO** plus 3,95 € Versandkosten

### INHALT DER WITCHBOX:

1. **Ritual-Kelch**
   Kupfer, ca. 11cm hoch
2. **Rosenquarz**
   Der sanfte "Stein der Liebe"
3. **Fasanenfeder**
   (Element Luft)
4. **Räucherstäbchen**
   Ayurvedisch, aus reinsten Naturstoffen (mit Zertifikat)
5. **Räucherschiffchen**
   aus Holz, mit Einlegearbeit
6. **Aufkleber** mit magischen Zeichen zum Selbstgestalten deines Altars!

*Außerdem bei* **magicult** :
*Räucherwerk vom Feinsten! Z. B: Echter Weihrauch, Myrrhe, Sandelholz, Räuchergefäße, Pendel und und ...*

*Amulette und Talismane für Liebe, Freundschaft, Schutz, Gesundheit, keltische Sternzeichenanhänger, CDs, Bücher, magische Kosmetik ...*

Bestellungen an

**magicult**

Fax: 02292/800403    www.magicult.de

Am Reutersbach 3    D-51570 Windeck/Sieg

Lieferung *nur* gegen Vorkasse von 18,95 EURO: Per Scheck oder erst bestellen, Rechnung bezahlen, dann erfolgt die Lieferung.    ☎ 02292-800402

# Magisch! Mystisch! Mädchenstark!

**Das erste Mädchen-Magazin voller Magie und Zauber.**

Mit spannendem **Comic**, interessanten **Tests**, großen **Gewinnspielen**, tollen **Styling-Tipps** und magischen **Extras** ...

... für dich und deine Freundinnen.

www.witchmagazin.de

## Jeden Monat neu bei deinem Zeitschriftenhändler!

© Disney

**Jetzt neu!
Das Taschenbuc**

# W.i.t.c.h.
Will    Irma    Taranee    Cornelia    Hay Lin

## Will, Irma, Taranee, Cornelia, Hay Lin sind W.I.T.C.H.

Fünf Initialen, fünf Freundinnen, fünf unterschiedliche magische Talente, fünf starke Wächterinnen für das große Netz, fünf Gegnerinnen im Kampf gegen die dunkle Seite. Auserwählt vom Orakel des jenseitigen Reiches Kandrakar entdecken die fünf Teenager ihre magischen Fähigkeiten und erfahren von ihrer Mission, die zwölf Portale zu schließen, um der Finsternis den Weg zur Macht zu versperren.

© Disney

**Band 1:
Halloween**
128 Seiten, SC
€ 6,50 [D] / € 6,70 [A]
sFr 12,95
ISBN 3-7704-2796-3
Erscheint im Mai 2002

**Band 2:
Die andere Dimension**
128 Seiten, SC
€ 6,50 [D] / € 6,70 [A]
sFr 12,95
ISBN 3-7704-2797-1
Erscheint im September 2002

ehapa
COMIC COLLECTION
www.ehapa.de

**Gibt es überall, wo es Bücher und Comics gibt!**